विकास का पथ

संसार प्रसिद्ध विचारक और लेखक श्री स्वेट मार्डेन की पुस्तकों ने करोड़ों लोगों के जीवन में क्रांति ला दी है, भटक रही मानवता को नयी दिशा दी है। प्रस्तुत पुस्तक "विकास का पथ" भी इसी महान विचारक की महान कृति का हिंदी रूपांतरण है।

विकास का पथ

स्वेट मार्डेन

डायमंड बुक्स

www.diamondbook.in

प्रकाशक : डायमंड पॉकेट बुक्स (प्रा.) लि.
X-30 ओखला इंडस्ट्रियल एरिया, फेज-II
नई दिल्ली-110020
फोन : 011-40712200
ई-मेल : wecare@diamondbooks.in
वेबसाइट : www.diamondbooks.in
संस्करण : 2025
मुद्रक : रेप्रो (इंडिया)

Vikas Ka Path
by: Swett Marden

अनुक्रम

1. जीवन की खुशियां और सुख

प्रायः लोग सोचते हैं कि प्रसन्नता धन से प्राप्त की जा सकती है। अधिक धन होगा तो अधिक भौतिक वस्तुएं खरीदी जा सकती हैं। अधिक वस्तुओं को प्राप्त कर ज्यादा प्रसन्नता प्राप्त की जा सकती है। परन्तु क्या अधिक धन से मन की सच्ची प्रसन्नता खरीदी जा सकती है?

मानव-ईश्वर की सर्वोत्तम सृष्टि है। जिसे स्रष्टा ने संसार की अपार सम्पदाओं का स्वामी बनाकर सुखी जीवन जीने और प्रसन्न रहने का वरदान दिया है। एक महान रसायन-शात्री की तरह प्रकृति ने वायुमण्डल में ऐसे तत्व मिला दिए हैं जो मानव को स्वास्थ्य, सौन्दर्य और प्रसन्नता सब एक साथ प्रदान कराते हैं। जॉन वानमेकर ने कहा है- सूर्योदय के साथ ही मेरी आत्मा का सूर्य भी उदय हो जाता है। सूर्योदय संसार में मानव, पशु, पक्षी, जड़, चेतन सभी में नया जीवन भर देता है और वह सूर्य सभी के लिए मुक्त दान है।

फिर भी युगों से मानव सुख की खोज में भटक रहा है। वह न तो सन्तुष्ट है न प्रसन्न।

प्रसन्नता के विषय में कई तरह के विचार प्रचलित हैं। प्रायः लोग सोचते हैं कि प्रसन्नता धन से प्राप्त की जा सकती है। अधिक धन होगा तो अधिक भौतिक वस्तुएं खरीदी जा सकती हैं। अधिक वस्तुओं को प्राप्त कर ज्यादा

प्रसन्नता प्राप्त की जा सकती है। परन्तु क्या अधिक धन से मन की सच्ची प्रसन्नता खरीदी जा सकती है?

मुझे एक ऐसे परिवार की जानकारी है जो अपनी आय में सुख और प्रसन्नता का जीवन जी रहा था। अचानक उस परिवार को बहुत-सा धन मिल गया। एकदम उस परिवार के मन में अधिक सुख-भोग की लालसा जाग उठी। उसके रहन-सहन और व्यावहारिक जीवन में परिवर्तन आ गया। वह परिवार अपने से अधिक सम्पन्न और धनी व्यक्तियों के साथ मेलजोल बढ़ाने लगा। अपने से अधिक धनी व्यक्तियों को देखकर उनके मन में दुःख होता। फलस्वरूप उस परिवार की पहले जैसी खुशियां लुप्त हो गईं, वह असन्तुष्ट और अप्रसन्न रहने लगा। उस परिवार के मन में दूसरों के प्रति ईर्ष्या और द्वेष के भाव पनपने लगे। इस तरह थोड़े ही दिनों में राजसी ठाट-बाट से रहने और व्यवहार करने में जो कुछ भी उनके पास था सब खर्च हो गया। परिवार की लड़कियों को अपने से अधिक धनी परिवारों में विवाह करने के कारण कपड़े वालों, दर्जियों और जौहरियों आदि का देना बाकी रह गया। जिसका नतीजा यह हुआ कि उस परिवार को अपना पैतृक मकान तक बेचना पड़ा और उनका सुख और चैन खत्म हो गया।

संसार में आधे लोगों की अप्रसन्नता का कारण है-दूसरों से ईर्ष्या और अपने से असन्तोष। हम कभी अपने वर्तमान जीवन से खुश नहीं होते क्योंकि हम जो कुछ हैं उससे सन्तुष्ट नहीं होते और जो नहीं है, उसे प्राप्त करने की लालसा में वर्तमान के आनन्द को भी खो देते हैं। किन्हीं बड़ी-बड़ी कल्पनाओं में अनोखे अवसरों की प्रतीक्षा करते हैं जो अनायास ही हमारे जीवन में खुशियां भर देंगे। साधारण बातों का हमारे जीवन में कोई महत्त्व नहीं होता। यही हमारा अप्रसन्नता का और असन्तुष्टि का सबसे बड़ा कारण है।

डा. फ्रेंक ने कहा है- संसार की सताई आत्माएं ही सदा उसे अपनी इच्छाओं पर झुकाने का प्रयास करती रहती हैं। हम सभी सुखमय संसार की खोज में अपने वर्तमान सुख भरे संसार को भुला देते हैं और अप्रसन्न रहते हैं। हम अनोखे काल्पनिक संसार के वैभव को प्राप्त करने के लिए स्वप्न देखने लगते हैं। ठीक उसी तरह जिस तरह एक लोककथा के अनुसार एक लड़का देखा करता था।

पहाड़ी के शिखर पर बनी एक टूटी-फूटी झोपड़ी में एक लड़का रहता था। सूर्यास्त के समय वह नित्य ही झोपड़ी के दरवाजे पर बैठकर घाटी के नीचे दूर तक फैले मैदान की ओर देखता रहता। निर्धन होते हुए भी वह अपने मन में धनवान बनने के सपने लिया करता। झोपड़ी के दरवाजे पर बैठा वह एक सुन्दर

महल की कल्पना करता जिसकी सुन्दर खिड़कियां दूर से चमकती हों। थोड़े ही दिनों में उसे ऐसा आभास होने लगा कि घाटी के नीचे एक सुन्दर महल है जिसकी सुनहरी खिड़कियां उसे अपनी ओर आकर्षित कर रही हैं। वह अपनी कल्पनाओं में खोया उस अद्भुत जादुई महल के सपने देख रहा था। उसे लगा कि उस महल की सुनहरी खिड़कियां उसे बुला रही हैं। उस लड़के ने घाटी के नीचे उस महल में जाने का निश्चय कर लिया। अगले दिन सूर्योदय से पहले ही वह उस ओर चल पड़ा। उत्साह से भरा हुआ वह लड़का उस ओर धूल भरे रास्ते पर, सूर्य की देने वाली तेज किरणों की परवाह किए बिना उस महल को पाने के लिए और आगे बढ़ता गया।

सूर्यास्त के समय तक वह घाटी के अन्तिम छोर तक जा पहुंचा। अचानक सामने की ओर उसे एक टूटा-फूटा मकान दिखाई दिया। जिसकी खिड़कियां टूटे और गन्दे कांच की थीं। अरे! वह सुन्दर महल कहां गया जिसकी खिड़कियां सुनहरी थीं। प्यास और थकान से चूर उस लड़के के मुंह से आह निकली और वह टूटे-फूटे मकान की ओर पीठ करके जमीन पर गिर पड़ा। कुछ देर रोते रहने के बाद जब उसका मन कुछ संयत हुआ तो उसने आंसू भरी आंखों से घाटी के ऊपर नजर डाली। अस्त होते सूर्य की किरणों में उसकी छोटी-सी झोपड़ी और उसकी खिड़कियां सुनहरी आभा से चमकती दिख रही थीं।

जीवन की खुशियां और सुख हमें प्रायः उसी धरती पर दिखाई देते हैं जहां हम नहीं हैं। हमें भी दूर का सुनहरी भवन बुलाता है और हम उसी अबोध बालक की भांति संसार में मृगतृष्णाओं के पीछे भागने लगते हैं। हम सोचते हैं आज नहीं, लेकिन एक दिन जाकर उस सौन्दर्य-लोक तक पहुंच जायेंगे। परन्तु क्या आज तक कोई उस दूर से चमकने वाले महल तक पहुंच पाया है? हम कल्पना करते हैं कि किसी चमत्कार से अथवा धन से उस जादुई महल को प्राप्त कर लेंगे जिनके हम सपने देखते हैं। इस तरह हम अपने वर्तमान सुख से वंचित रह जाते हैं।

कुछ लोग तो यह भी नहीं जानते हैं कि वे चाहते क्या हैं? वे बस इतना जानते हैं कि वे दुःखी हैं, अप्रसन्न हैं। प्रसन्नता को पाने के लिए वे संसार में भटकते फिरते हैं लेकिन व्यर्थ! ऐसे कितने निराश और असन्तुष्ट लोग हैं जो अपनी अप्रसन्नता का कोई कारण बता सकें।

मैं ऐसे बहुत-से लोगों से मिला हूं जो जीवन से बिल्कुल ही निराश हो चुके हैं। उन्हें वैसा जीवन नहीं मिला जिसकी वे कल्पना करते थे। यौवन के स्वप्नों के साथ आगे बढ़ने पर उन्हें जीवन में और भी निराशा ही मिली, जीवन और

भी सूना-सूना लगने लगा। वह चमकती हुई चीज जो दूर से बुला रही थी, पास जाने पर और दूर चमकती दिखाई देने लगी।

कल तक हम जिस चीज को पाने के लिए जी-जान से कठोर संघर्ष कर रहे थे, आज उसी को पाकर हम प्रसन्न नहीं होते। प्राप्त वस्तु से हटकर हम और दूसरी चीज को पाने के लिए संघर्ष करने लगते हैं। हम सोचते हैं अमुक वस्तु पा लेने पर हमें वास्तविक प्रसन्नता प्राप्त होगी। परन्तु उसे प्राप्त करने के बाद दूसरी वस्तुएं हमें अपनी ओर आकर्षित करती हैं और परिणाम वही होता है-निराशा, असन्तुष्टि और अप्रसन्नता। हम सारी आयु निराशा और अप्रसन्नता में बिता देते हैं।

एक विचारक के अनुसार- अप्रसन्नता तो मनुष्य की अपनी ही परछाई की तरह है। हम जितना इसके पीछे भागते हैं उतना ही यह हमसे दूर भागती जाती है। सच्चाई तो यह है कि प्रसन्नता या सुख इच्छाओं की पूर्ति में नहीं वरन् अपनी आत्मा की सन्तुष्टि में हैं।

संसार के महान कहानीकार टॉलस्टाय ने एक कहानी के माध्यम से इस बात को बड़े सुन्दर ढंग से बताया है। कहानी का नायक एक साधारण किसान है जिसके पास अपनी कोई जमीन नहीं है। वह नौकरी करके बड़ा सुखी जीवन जी रहा था कि उसे ज्ञात हुआ कि उसका मालिक अपनी जमीन बेच रहा है। उसने भी जैसे-तैसे थोड़ी-सी जमीन खरीद ली। लेकिन वह इतने से सन्तुष्ट नहीं हुआ और अधिक जमीन खरीदने की लालसा उसके मन में जाग्रत हो गई। वह सोचता, यदि और अधिक धन होता तो और अधिक जमीन खरीद लेता। वह धन प्राप्त करने के लिए अथक परिश्रम करने लगा। जीवन में और सुख प्राप्त करने की लालसा उसे विनाश के कगार पर ले गई और उसने अपना जीवन नष्ट कर लिया।

भौतिक वस्तुओं से हमें क्षणिक सुख ही मिल सकता है, वास्तविक प्रसन्नता नहीं। जिस तरह गरमी के दिनों में आइसक्रीम, सोडावाटर या ठंडी कॉफी प्यास तो बुझा देती है, मगर जो आनन्द ठंडे पानी से प्यास बुझाने में आता है, वैसा आनन्द आइसक्रीम आदि से नहीं। वास्तविक प्रसन्नता तो आत्मा के आनन्द से मिलती है।

हेनरी ड्रुमैड लिखते हैं कि- "संसार के आधे से अधिक लोग प्रसन्नता को सही ढंग से नहीं खोजते। उनके विचार में प्रसन्नता दूसरों द्वारा दी गई सुख-सुविधाओं के उपयोग करने में है। जबकि सच्चाई यह है कि प्रसन्नता दूसरों को देने और उनका उपकार करने में है।" हम मधुमक्खी से सीख ले सकते हैं। मधुमक्खी को

शहद बना-बनाया नहीं मिलता। शहद बनाने के लिए वह एक-एक फूल से थोड़ा-थोड़ा मधु इकट्ठा करती है। इसके लिए उसे कठिन श्रम करना पड़ता है। मधुमक्खी की तरह हम भी जीवन के बगीचे से कठिन श्रम करके ही प्रसन्नता का मधु प्राप्त करते हैं।

प्रसन्नता किसी की दासी नहीं है। इसे कोई बांधकर नहीं रख सकता। यह तो जीवन का वह अनमोल खजाना है जिसकी कीमत चुकाने पर ही कोई इसे प्राप्त कर सकता है। हमें थोड़ी-सी खुशी उस समय मिलती है जब हम किसी दूसरे के लिए कोई त्याग करते हैं। किसी दुःखी व्यक्ति के दुःख का भार जब हम कुछ कम कर देते हैं तब भी हमें खुशी होती है। प्रसन्नता एक ऐसी अमूल्य देन है जो हमारे अच्छे विचारों, दूसरों की भलाई के लिए किये गये कामों और निःस्वार्थ सेवा करने से प्राप्त होती है।

अब्राहम लिंकन ने कहा है कि- लोग अपने मन में जितनी प्रसन्नता पाने का निश्चय करते हैं उतनी ही प्रसन्नता उन्हें मिलती है। विश्व एक गुम्बद जैसा है। हम जैसी आवाज निकालेंगे वैसी ही आवाज उस गुम्बद में लौटकर आयेगी। वह तो एक शीशे के समान है जिसमें अपनी ही छाया दृष्टिगोचर होती है। हम सबको इसका अनुभव होगा कि जब हम खुश होते हैं तब ऐसा प्रतीत होता है कि समस्त प्रकृति खुशी से झूम रही, नाच रही है। इसके विपरीत जब हम उदास और दुःखी होते हैं तो लगता है कि प्रकृति भी रो रही है। यदि हम प्रकृति के सौन्दर्य को अपने मन में भर लें तो समूची सृष्टि हमें आनन्द से भर देगी।

युगों से मानव प्रसन्नता की खोज में भटक रहा है पर कितनों ने इसे पाया है? इसका यही कारण है कि हमने अभी तक ईसा के इन महान शब्दों को नहीं समझा है- ईश्वर का राज्य तुम्हारे हृदय में है। ईसा ने यही कहा था जब हम अपना सम्बन्ध प्रसन्नता के अमर स्रोत ईश्वर से जोड़ लेते हैं, तब हमें प्रसन्नता की स्वतः प्राप्ति हो जाती है। हम अपने चारों ओर बिखरे सृष्टि के सौन्दर्य को जान लेते हैं। आज तक मानव इस भ्रम में रहा है कि धन या वैभव ही समस्त सुखों का द्वार है। बाहर की भौतिक वस्तुओं की प्राप्ति से ही प्रसन्नता की प्राप्ति हो सकती है, उसने अपने हृदय में उस आनन्द को नहीं खोजा। सुख की खोज में वह सारे संसार में भटकता रहा, उसी तरह जिस तरह सुगन्धि को पाने के लिए मृग अपने अन्दर न देखकर बाहर ही खोजता फिरता है। यदि उस अलौकिक आनन्द को हम अपने हृदय में ढूंढ लेते तो हमारे चेहरे पर एक अनोखी आभा चमकने लगती। हम उस प्रसन्नता के खजाने को पा लेते जिसे देखकर कोई भी कह सकता था कि हमारा भाग्य सितारा चमक उठा है।

यह सभी जानते हैं कि मनचाही वस्तु पा लेने पर लोग कितने प्रसन्न होते हैं। निराशा-आशा में बदल जाती है। उदासी और दुःख, उल्लास और आनन्द में परिवर्तित हो जाते हैं। व्यक्ति बिल्कुल दूसरे लोक का प्राणी दिखाई देने लगता है। एकदम मानो किसी जादू के स्पर्श से उसमें नये जीवन का संचार हो जाता है। सच तो यह है कि ईश्वर की सन्तान को हमेशा खुश रहना चाहिए, शोकाकुल नहीं। यही उल्लासमय जीवन हम सभी को जीना चाहिए। हृदय का आनन्द हमारे चेहरे पर झलकना चाहिए और आत्मा का आनन्द हमारी आंखों से प्रकाश बनकर बिखरना चाहिए।

नवीन विचार-दर्शन के अनुसार प्रसन्नता आपकी आत्मा की सम्पत्ति है जिसे आप जब भी चाहें प्राप्त कर सकते हैं। प्रसन्नता कोई बाहर की वस्तु नहीं है। यह तो अपने हृदय में हर समय मौजूद रहती है।

अंधविश्वास मनुष्य के दुःखों का एक प्रमुख कारण है। अंधविश्वासी यह समझते हैं कि प्रसन्नता इस धरती की वस्तु नहीं है। वह तो किसी दूसरे लोक (स्वर्ग) की वस्तु है जो मृत्यु के बाद ही मिल सकती है। धर्म प्रचारकों द्वारा डाले गए ये भ्रम सम्पूर्ण मानवता के लिए अभिशाप सिद्ध हुए हैं। प्राचीन विचारकों ने प्रसन्नता को जीवन के लिए आवश्यक रूप में कभी नहीं देखा जिसके बिना मनुष्य का जीवन नीरस और बेजान हो जाता है। बहुत-से विचारक तो खेल को भी राक्षसी आचरण मानते हैं। वे तो यह भी भूल गए कि खेलने से शरीर स्वस्थ और मन प्रसन्न होता है। खेलना-कूदना जीवन के लिए कितना आवश्यक है। यदि मनुष्य की क्रीड़ा-प्रवृत्ति को बलपूर्वक दबा दिया जाये तो मनुष्य पागल या अपराधी बन सकता है। वे प्रचारक यह नहीं समझ सके। शताब्दियों तक ये पुजारी लोगों को खेलने से रोकते रहे। उनका मानना था कि खेलना सभी बुराइयों की जड़ है।

धर्म प्रचारकों ने ऐसे-ऐसे विचित्र भय और अंधविश्वास मानव को दिए जिससे मानवता ही अभिशप्त हो गई। मनुष्य का हंसना भी बुराई माना जाता था। हंसते-हंसते जीवन बिताने वाले को शैतान की संतान कहा जाता था। ऐसे अंधविश्वासियों का कहना था कि जन्म के समय शिशु का यदि संस्कार न किया जाए तो वह जीवन भर निराशा और दुःख झेलता रहकर अन्त में घोर नरक को प्राप्त करेगा। इस तरह का भय और अंधविश्वास मनुष्य के जीवन में ऐसा विष घोल देते हैं जिससे मनुष्य सारे जीवन में कभी प्रसन्नता का अनुभव नहीं कर पाता। उस समय शोक से भरा, हमेशा उदास रहने वाला ही पवित्रता का चिन्ह समझा जाता था। इसलिए उन धार्मिकों का जीवन भी अस्वाभाविक बन गया जिसमें प्रसन्नता का नाम तक नहीं था। ये दार्शनिक, जो स्वयं मनुष्य का

जीवन नहीं जीते, वे भला दूसरों को क्या सिखा सकते हैं। जो अंधेरी कोठरियों में (गुफाओं) गन्दी सांस लेते हुए अप्राकृतिक जीवन बिताते हो जो मानव स्वभाव को हठपूर्वक दबाकर वहां धर्म-सिद्धांत लिखते रहते हों-उनसे मानवता के कल्याण की क्या उम्मीद की जा सकती है?

आधुनिक विचार-दर्शन का यही सन्देश है कि अंधविश्वास, भय और चिन्ता त्याग कर प्रसन्नता और सुख का जीवन जीना चाहिए। क्योंकि प्रसन्न रहना मानव स्वभाव है। मनुष्य का जन्म सुख प्राप्त करने के लिए हुआ है। प्रकृति स्वयं पूर्ण आनन्दमयी है। आधुनिक विचारक मानव जीवन के प्रति नया दृष्टिकोण रखते हैं जो मानव स्वभाव के अनुकूल है। वे प्रसन्नता को ही मानव धर्म बताते हैं। नवीन विचारक वर्तमान को अधिक महत्त्व देते हैं जबकि प्राचीन धर्म विचारक मरने के बाद के काल्पनिक स्वर्ग और नर्क के सिद्धांत बताते हैं। क्या कभी ईसा ने स्वयं को अलग रखा था? वह तो सदा मनुष्यों के बीच में रहता था और मानव समाज में घुल-मिलकर विचरता था। यही कारण था कि उसने हमें जो कुछ सिखाया वह सब मानव जीवन के लिए उपयोगी सिद्ध हुआ। ईसा के उपदेश स्वाभाविक और व्यावहारिक हैं। उसमें यदि कोई त्रुटि आती है तो वह मनुष्य का ही दोष है।

न्यूयार्क की जनता को कई महीनों तक मंत्रमुग्ध करने वाला नाटक पोलियाना जिसकी नायिका पोलियाना कहती है-

"यदि ईश्वर ने हमें आठ सौ बार प्रसन्न रहने का सन्देश दिया है तो उसका अर्थ यही है कि वह हमें सदा, प्रसन्न देखना चाहता है।"

"अधिक प्रसन्नता मनाओ।" "ईश्वर की संतान का हृदय सदा प्रसन्न रहे।"

"ईश्वर की प्रसन्नता तुम्हारी शक्ति है।" "मैं बार-बार कहता हूं कि ईश्वर में प्रसन्नता खोजो; तुमसे कोई भी तुम्हारी प्रसन्नता नहीं छीन सकता।"

ईश्वर हमसे यही चाहता है। बाइबिल में मनुष्य को प्रसन्न रहने के लिए बार-बार लिखा हुआ है। केवल प्रसन्न रहने के लिए ही नहीं बल्कि अधिक से अधिक प्रसन्न रहने के लिए कहा गया है।

जीवन जीने की कला को यदि हम जान लें तो हमारा जीवन एक मुस्कराहट भरा गीत बन जाये। जीवन के प्रति सदैव आशावान रहना चाहिए। जिस प्रकार उस रोगी के मन में जीवन के प्रति आशा के भाव जाग जाने से उसे अपने चारों ओर का संसार उल्लासमय प्रतीत होने लगा था जिसका अभी-अभी आपरेशन हुआ था और अस्पताल में रोग शैया पर उसने लिखा है-

"मैं कह नहीं सकता कि वह क्या चमत्कार था-मेरे आस-पास कुछ भी तो नया नहीं था लेकिन सभी वस्तुएं मुझे अलौकिक प्रकाश से परिपूर्ण लगने लगीं। मैंने जीवन में पहली बार अपने जीवन को इतना उल्लासमय पाया। मुझे लगा कि हवा में वृक्ष झूम रहे हैं और पक्षी चहचहा रहे हैं। अस्पताल में आते-जाते लोग, वहां की नर्सें सभी कुछ आनन्दमय लगने लगा था। मुझे आत्मिक सुख की प्राप्ति हुई थी।"

जीवन में थोड़ी-सी भी कठिनाई अथवा आपत्ति आने पर लोगों को जब मैं रोते-चिल्लाते देखता हूं तो मुझे उस वृद्ध महिला की याद हो आती है जो अपने कष्टमय जीवन को भी कितने उत्साह और उमंग के साथ प्रसन्नतापूर्वक जी रही थी। जब मैंने उस वृद्ध महिला से इसका राज जानना चाहा तो उसने बताया कि-"मेरे पास एक डायरी है। जीवन के आरम्भ में मैंने यह निश्चय कर लिया था कि रोज रात को जीवन में प्रसन्नता लाने वाले अनुभव इसमें लिखा करूंगी। इससे जीवन में मेरी आस्था बढ़ गई और नये-नये अनुभव तलाश करने की आदत बन गई। मैं कठिनाइयों में भी, विपत्तियों के घने काले बादलों में भी प्रसन्नतारूपी प्रकाश किरण खोजने में सफल हुई हूं।"

जीवन में कठिनाइयां या संघर्ष हमें निराश करने अथवा उदास करने के लिए नहीं आते बल्कि हममें साहस और शक्ति का संचार करने के लिए आते हैं।

संसार में वही मनुष्य सुखमय जीवन जीते हैं तो कठिनाइयां आने पर हताश नहीं होते, बल्कि कठिन परिश्रम करते हुए भी हंसते और गुनगुनाते रहते हैं। आवश्यकता से अधिक गम्भीरता मनुष्य की शक्तियों को नष्ट कर देती है। जिससे उसके कार्य करने की क्षमता भी घट जाती है। जो व्यक्ति जीवन से निराश हो जाते हैं वे न केवल अपने जीवन की खुशी ही खो देते हैं बल्कि अपना साहस और शक्ति भी खो देते हैं। ऐसे उदास और निराश लोगों को देखकर मेरे मन में सदा यही भावना जाग्रत होती है कि ऐसे व्यक्तियों के निराशा के अंधकारमय जीवन को आशा का दीप दिखाकर उनका मार्ग प्रशस्त कर दूं। बल्कि वे संसार में बिखरे तमाम सुखों का उपभोग कर प्रसन्नता का जीवन जियें।

सच तो यह है कि ईश्वर-संतान को उल्लासमय जीवन अपनाना चाहिए। मनुष्य को शोकाकुल नहीं प्रसन्न रहना चाहिए।

2. इच्छा शक्ति का महत्त्व

हृदय में किसी प्रकार की इच्छा का होना इस बात का प्रमाण है कि ईश्वर ने वह वस्तु आपके लिए सुरक्षित रखी है। -एमिली एच. कैंडी

ईश्वर ने हमारे हृदय में ऐसी कोई इच्छा उत्पन्न नहीं की जिसको हम पूरा न कर सकें। हमारे चारों ओर का वातावरण हमारे ही विचारों, इच्छाओं और विश्वास का फल है। हम जो सोचते हैं, चाहते हैं और विश्वास करते हैं, वही हमें प्राप्त होता है। हम जो कुछ जीवन में प्राप्त करते हैं, अपनी ही इच्छाओं के अनुरूप पाते हैं।

हमारा जीवन हमारी इच्छाओं, हमारे विचारों का फल है। हम जैसा सोचते हैं वैसा ही बन जाते हैं। अपनी आशाओं से बढ़कर आप कुछ नहीं बन सकते। बहुत-से लोग अपनी निराशाओं के कारण अपनी ईश्वरीय शक्तियों को संकुचित कर देते हैं। वे भूल जाते हैं कि निराशाओं और अवरोधों की कल्पना करके वे स्वयं ही अपनी इच्छापूर्ति के रास्ते में बाधाएं उत्पन्न कर रहे हैं। वे तो यह भी भूल जाते हैं कि हमेशा अपनी कमजोरियां, अभावों और गरीबी की कल्पना करके वे स्वयं ही अपनी सफलता पर कुठाराघात कर रहे हैं।

वही सोचो जो तुम चाहते हो। सफलता का यही रहस्य है। पूरे मन और विश्वास के साथ अपनी इच्छापूर्ति करने के बारे में सोचो और उसे हासिल करने के लिए पूरे मनोयोग से जुट जाओ। आप अवश्य ही अपनी सोची हुई इच्छित वस्तु को प्राप्त कर लेंगे। इसके विपरीत यदि आपके मन में उस इच्छा की पूर्ति में सन्देह हो गया, अविश्वास हो गया, उसी क्षण सफलता आपसे दूर चली जायेगी। क्योंकि आपका अविश्वास आपको विपरीत दिशा की ओर ले जाता हैं।

जीवन में असफलता या निराशा मिलने का वही कारण है कि हमने सफलता पाने के लिए पूरे मन से प्रयत्न नहीं किया। हमने अपनी महान शक्तियों को नहीं पहचाना। हम सफलता पाने के लिए ठीक प्रयास नहीं करते इसलिए हमें असफलता मिलती हे। यदि हम सिर्फ सफलता पाने के विषय में ही सोचें और प्रयत्न करें तो कोई कारण नहीं कि हमें सफलता न मिले। आप देखेंगे कि सदा सफलता की अभिलाषा करते हुए सचमुच एक दिन आप उसे पा लेंगे।

अपने जीवन में हम कितने ही ऐसे व्यक्तियों के बारे में सुनते रहते हैं कि "अमुक व्यक्ति जिस काम को भी अपने हाथ में लेता हे, उसी में सफल हो जाता है। अथवा अमुक व्यक्ति तो मिट्टी भी पकड़ता है तो सोना बन जाती है। ऐसा सुनकर हम आश्चर्य तो करते हैं पर कारण जानने की चेष्टा नहीं करते कि वह क्यों सफल होता है? किसी व्यक्ति की सफलता उसकी इच्छा-शक्ति और आत्मविश्वास पर निर्भर करती है। वह व्यक्ति सदा अपने कार्यों की सफलता के विषय में सोचता और दृढ़ता के आगे बढ़ता है। इसी आत्मविश्वास के सहारे वह बाधाओं को लांघता हुआ अपने लक्ष्य को पा लेता है।

ब्रौंडणे की दुर्लभ उपाधि 'स्टार' से सम्मानित अभिनेता क्लिफटन क्राफोर्ड जब अमरीका में पहली बार अपना अभिनय दिखा रहा था तो उस कम्पनी के एक वरिष्ठ सदस्य ने उसे कहा था कि उसे वापस अपने घर लौट जाना चाहिए। वह अभिनय कला में कभी सफल नहीं हो सकता। लेकिन युवक किलफटन क्राफोर्ड ने इस बात की रत्ती भर परवाह नहीं की। उसने अपने आत्मविश्वास को और मजबूत किया और अमरीका ही में रहकर अभिनय करता रहा। परिणाम यह हुआ कि एक दिन वह 'स्टार' की पदवी से सम्मानित किया गया। न्यूयार्क में असाधारण सफलता पाने के बाद वह अपने पुराने मित्र से भी मिला जिसने उसे अपने घर वापस लौट जाने की सलाह दी थी। क्राफोर्ड ने अपनी अभिनेता बनने की इच्छा पर दृढ़ रहकर सफलता प्राप्त करने का प्रयत्न किया। मार्ग की समस्त

बाधाओं को अलग करता हुआ वह अपने लक्ष्य की ओर अग्रसर होता गया, तभी उसे सफलता मिली।

स्मरण रखो कि हृदय में उत्पन्न कोई भी उत्कृष्ट अभिलाषा ईश्वर की प्रेरणा होती है। अपनी आकांक्षाओं को असम्भव मानकर उनसे हट जाने का विचार अपने मन में पनपने मत दो। अपनी इच्छाओं से कभी भय मत मानो। इनकी कभी उपेक्षा मत करो, क्योंकि इनमें ईश्वर की प्रेरणा छिपी हुई है। क्लिफटन क्राफोर्ड की सफलता का रहस्य यही था कि उसने अपनी सभी मानसिक और शारीरिक शक्तियों को अपनी इच्छापूर्ति में लगा दिया। दूसरों की बातों पर ध्यान न देता हुआ वह अपनी मंजिल की ओर पूरी लगन और आत्मविश्वास के साथ बढ़ता गया और एक दिन उसने अपना लक्ष्य प्राप्त कर ही लिया।

यदि आप अपनी इच्छाओं को पूरा नहीं कर पा रहे हैं तो इसमें दोष इस संसार का नहीं है और न ही ईश्वर का ही कोई दोष है। दोष तो आपके अन्दर ही मौजूद है। आप अपनी इच्छाओं को पूरा करने का प्रयत्न ही नहीं कर रहे। अपनी इच्छाओं के पूरा होने में आपको सन्देह हो गया है। इसीलिए आपका आत्मविश्वास डगमगा गया है। तब कैसे सफलता मिलेगी? सफलता पाने के विश्वास को आगे बढ़ाने और इच्छा शक्ति को दृढ़ रखने से ही सफलता मिलेगी। जीवन में सफलता उन्हीं व्यक्तियों को मिली है जिन्होंने अपने मन में पहले उसे प्राप्त कर लिया था। जिन लोगों ने अपने स्वप्नों को साकार कर दिखाया है उन्होंने पहले अपने मन में उसे सत्य कर लिया था और उसी विश्वास के सहारे वे सफलता प्राप्त कर सके हैं। हमें भी वही रास्ता अपनाना होगा। हमारे मन की सफलता ही वास्तविक सफलता की जननी है।

'आजाद हिन्द फौज' का नाम भारत की स्वतंत्रता के संग्राम के इतिहास में सदा स्वर्ण अक्षरों में अंकित रहेगा। इसके नाम के साथ ही हर एक भारतवासी की आंखों के सामने सुभाषचन्द्र बोस का चित्र उभर आता है। उनका एकमात्र नाम था-नेताजी।

कारागृह में बैठे सुभाषचन्द्र बोस अपने दूसरे सहयोगियों की नीतियों से असन्तुष्ट होकर भारत की स्वतंत्रता के बारे में सोच रहे थे। वे सोच रहे थे कि भारत को स्वतंत्र कराने के लिए क्या उपाय करना चाहिए। अचानक उन्होंने अपने मन में कोई निश्चय किया और जेल से ही देश छोड़कर विदेश की ओर

भाग निकले। उन्होंने अपने मन में विदेश जाकर आजाद हिन्द फौज बनाने का दृढ़ संकल्प कर लिया था। सुभाषचन्द्र बोस ने अपने लक्ष्य को काफी सोच-विचारकर तय किया था। उनके हृदय में देश प्रेम की आग थी। अपने अथक परिश्रम और लगन से सुभाष चन्द्र बोस अपने स्वप्न को साकार रूप देने में सफल हो ही गये। नेताजी ने विदेश जाकर अपने देश के लिए जो काम कर दिखाया वह संसार के इतिहास में अपूर्व और अद्वितीय घटना है। विदेशों में रहने वाले भारतीय मूल के युवकों में नेताजी ने देशप्रेम की ऐसी भावना भर दी कि वे भारत को स्वतंत्र कराने को तत्पर हो गए। इसके पीछे रहस्य क्या था? 'आजाद हिन्द फौज' यथार्थ में नेताजी सुभाष चन्द्र बोस के दृढ़ संकल्प का साकार रूप था। किसी परतंत्र देश के युवक द्वारा विदेश में फौज का तैयार करना अविश्वसनीय-सा लगता है, लेकिन यह सम्भव कर दिखाया उस स्वप्न दृष्टा ने जिसने पहले ही अपने मन में उसे मूर्तिमान कर लिया था।

इंग्लैंड का प्रधानमंत्री बनकर असाधारण सफलता प्राप्त करने वाले बेंजामिन डिजराइली जाति और जन्म से विदेशी ही तो थे। बेंजामिन डिजराइली जाति और जन्म से विदेशी ही तो थे। बेंजामिन डिजराइली का कहना है कि-

"मनुष्य परिस्थितियों का दास नहीं है, परिस्थितियां ही उसकी दास हैं।" दुनिया विचारों की बनी हुई है। जैसा हम सोचते हैं और विश्वास करते हैं हमारा जीवन वैसा ही बन जाता है। हमारे चारों ओर का वातावरण हमारे विचारों, इच्छाओं और विश्वासों का ही फल है। ऐसी कोई इच्छा नहीं जिसको हम पूरा न कर सकें। ईसा का महान जीवन यही संदेश देता है कि सदा अपनी आत्मा की आवाज को ही सुनिए! हो सकता है कि तुम्हें अपनी इच्छा को प्राप्त करने के लिए अथवा स्वप्नों को साकार करने के लिए बहुत कुछ त्यागना पड़े पर अपनी इच्छाओं पर दृढ़ रहिए और धैर्यपूर्वक जीवन-लक्ष्य को विश्वास के साथ पकड़कर आगे बढ़ते जाइए। लोग आपकी आलोचना करेंगे। आपके रास्ते में तरह-तरह की रुकावटें खड़ी करेंगे और हो सकता है लोग आपको मूर्ख या पागल कहें, लेकिन आप अपने लक्ष्य की ओर बढ़ते रहिए। ईसा को भी लोगों ने ऐसा ही कहा था। यदि आज आपका जीवन कठिनाइयों से घिरा है और निराशा के बादल घिर रहे हैं तो चिन्ता मत कीजिए, घबराइये नहीं, आपका विश्वास और दृढ़ संकल्प सभी अस्थायी बाधाओं को दूर कर आपको मंजिल तक पहुंचा देगा। जरूरत इस बात की है कि आप स्वयं में आत्मविश्वास पैदा करें। अपने जीवन-लक्ष्य को हर पल

अपने सामने रखें, एक पल को भी ओझल न होने दें। क्योंकि यही तो आपको मंजिल तक ले जायेगा। मनुष्य का सुन्दर, बलवान शरीर और विवेकवान मस्तिष्क ईश्वर ने आपके जीवन को महान बनाने के लिए ही बनाया है।

जिस वस्तु या मनुष्य की चाह आप अपने मन में करते हैं, आपके मन की सभी शक्तियां उस ओर खिंच जाती हैं और अपने आकर्षण से उसे प्राप्त कर लेती हैं। यही मनोवैज्ञानिक भी कहते हैं। यदि किसी युवक का मन विलासिता की ओर है तो हम देखते हैं कि वह नाचघर, सिनेमाघर अथवा सैलून आदि स्थानों की ओर ही जायेगा। हर तरीके से वह अपनी मनोरंजन की इच्छाओं को पूरा करता है। इसके विपरीत यदि किसी युवक की इच्छा विद्वान या लेखक बनने की है तो वह उसे प्राप्त करने के लिए पुस्तकालय में जायेगा या विद्वानों के बीच में। उदाहरण के लिए जब कोई व्यक्ति विदेश में जाता है तो थोड़े ही दिनों में वहां उसके अनेक मित्र बन जाते हैं। यदि दस हजार व्यक्ति दूसरे-दूसरे शहरों से लाकर न्यूयार्क की खुली सड़कों पर छोड़ दिये जायें तो हमें आश्चर्य नहीं होना चाहिए कि शीघ्र ही उनमें से कुछ तो जुआघरों में मिलेंगे और कुछ कलाकारों, संगीतकारों अथवा धार्मिकों या चोरों के बीच में। इसका अर्थ यह हुआ कि मनुष्य का मन चुम्बक के समान है और वह अपनी इच्छित वस्तु को अपनी ओर आकर्षित कर उसे प्राप्त कर लेता है, परिस्थितियां चाहे जैसी हों।

जो भी व्यक्ति अपने सपनों पर अटूट विश्वास लेकर आगे बढ़ते हैं, सफलता सदैव उनका द्वार खोल देती है। उदाहरण के लिए जब एक शिल्पी किसी भवन के नक्शे को सामने रखता है तो वह सिर्फ एक कागजी भवन ही होता है। लेकिन भवन के उस नक्शे का मूर्तिरूप वह अपने मन की कल्पनाओं में दृढ़ कर लेता है। पहले उसे अपने मन में बना लेता है और उसी विश्वास के बल पर वह उस कागज के भवन को मूर्ति रूप दे देता है। जो कुछ हम जा रहे हैं पहले उसे अपने मन में कर लें। ठीक इसी तरह हमारे जीवन का भवन भी हमारे मन ही में मूर्तिमान होता है।

एक युवक जब काम की तलाश में अपने गांव से शहर की ओर चला तो उसके मन में धनवान बनने की इच्छा थी। लेकिन शहर में उसे काम मिला अखबार बेचने का। परन्तु उसने अपने जीवन का लक्ष्य तो धनवान बनने का बना लिया था। वह अपने लक्ष्य को पाने के लिए परिश्रम करता गया और उसने अखबारों की दुकान बना ली। धीरे-धीरे उन्नति करता हुआ आगे बढ़ता रहा।

दिन-रात वह अपनी उन्नति के बारे ही में सोचता। वह अखबार बेचने की दुकान से ही सन्तुष्ट नहीं हुआ बल्कि कॉलेज में पढ़ने भी जाता जिसका परिणाम यह हुआ कि वह युवक एक दिन उस शहर का धनी-मानी व्यापारी बन गया। यद्यपि धनवान बनने की इच्छा कोई ऊंची नहीं है, लेकिन उस युवक का उदाहरण यह सिद्ध करता है कि परिश्रम और इच्छा शक्ति के बल पर कोई भी व्यक्ति अपने विश्वासों के सहारे सफलता प्राप्त कर सकता है। चाहे कोई इंजीनियर बनना चाहे अथवा डॉक्टर, अपनी इच्छाओं पर दृढ़ रहकर जैसा चाहे मनुष्य बन सकता है।

स्मरण रखो, सफलता के लिए इच्छा का पैदा होना तो बाज के समान है। जब तक किसान बीज को जमीन में नहीं बोयेगा तब तक बीज अनाज की फसल नहीं बन सकता। किसान बीज को जमीन में बोकर उसे खाद और पानी से सींचता है तभी फसल पैदा होती है। ठीक वैसे ही बिना परिश्रम और प्रयत्नों के इच्छा की पूर्ति की सफलता नहीं हो सकती। मूर्ख और आलसी व्यक्ति इच्छाओं के रहते हुए भी उन्हें प्राप्त नहीं कर सकते। वे तो दूसरों को विद्वान देखकर कहते हैं कि- "उसका भाग्य सितारा चमक रहा है।" किसी धनी व्यक्ति को देखकर यही कहते हैं कि- "वह कितना भाग्यशाली है।" या किसी उज्ज्वल चीज को देखकर उसके भाग्य की सराहना करते रहते हैं। ऐसे लोग यह नहीं देखते कि जीवन की उन ऊंचाइयों तक पहुंचने में उन व्यक्तियों ने कितना परिश्रम किया है। तब उन्हें वर्तमान की सफलताएं प्राप्त हुई हैं। वे स्वयं तो कोई परिश्रम करने को तैयार नहीं होते और न ही कोई बलिदान ही वे करते हैं। ऐसे लोगों में आत्मविश्वास भी नहीं होता और तभी वे लोग असफल रहते हैं।

जैसे ही हम अपनी शक्तियों में पूरा विश्वास बनाकर अपनी इच्छाओं की पूर्ति के लिए मंजिल की ओर कदम बढ़ायेंगे, वैसे ही हमें अपने सपने साकार होते दिखाई देंगे। कितने ही बड़े-बड़े मरुस्थल अनुपजाऊ समझकर बेकार पड़े थे, लेकिन मानव ने अपने श्रम के बल पर उन्हें धन-सम्पदा से भूरा पूरा बना दिया। आज वे मरुस्थल मानव के लिए उपयोगी बन गए हैं।

मनुष्य भी इन्हीं मरुस्थल रूपी खण्डों की तरह ही है जिसके भीतर अपार सम्पत्ति के भण्डार छिपे हुए हैं। आवश्यकता है उन्हें तलाश करने की, परिश्रम करने की। आत्मविश्वास और इच्छाशक्ति ही मनुष्य को अपने पैरों पर खड़ा होने की, चलने की भावना जाग्रत करती है, लेकिन यदि मनुष्य प्रयास न करे तो खड़ा नहीं हो सकता। इसी तरह यदि आप अपनी इच्छाओं को प्राप्त करने का

प्रयास नहीं करते, उनके लिए कोई श्रम नहीं करते तो कभी सफल नहीं हो सकते।

यदि आपको अपने बीमार भाई-बहन अथवा वृद्ध माता-पिता के पालन करने के लिए कोई ऐसा काम करना पड़ता है जो आपकी इच्छाओं, महत्त्वाकांक्षाओं के अनुरूप नहीं है तो आप निराश मत होइए, यह मत सोचिए कि आपका जीवन लक्ष्य आपसे छूट गया या समाप्त हो गया। हां, ऐसी स्थिति में आपको परिश्रम तो अधिक करना पड़ सकता है। आप अपने जीवन-लक्ष्य को मत छोड़िये, उसे पाने के लिए प्रयत्नशील रहिए एक दिन आपको निश्चित सफलता मिलेगी। इसमें तनिक संदेह नहीं है। आपकी दृढ़ इच्छा शक्ति ही आपकी सफलता का प्रतीक होगी।

यदि आपकी इच्छाओं की सफलता के मार्ग में कुछ कठिनाइयां आ जाती हैं और आप निराशारूपी अंधकार से घिर जाते हैं तो अधीर न हों, आपके पास उस अंधियारे को दूर करने के लिए आत्मविश्वास और परिश्रम रूपी अमरदीप है जिसे लेकर मंजिल की ओर बढ़ते जाइए। आपके आत्मविश्वास के आगे आपके मार्ग की सभी रुकावटें स्वयं हट जायेंगी।

एडीसन-जो आज विश्व का महान आविष्कारक माना जाता है। उसकी सफलता का रहस्य क्या था? जब अनेक वैज्ञानिक इन्हीं समस्याओं को सुलझाने में असफल रहे तब एडिसन ने कैसे उन्हें सुलझा दिया? उसकी सफलता के पीछे था उसका प्रतिभापूर्ण मस्तिष्क और गहरा आत्मविश्वास। यदि वह अपनी सफलता पर संदेह करने लगता और सोचता-जब इन्हीं आविष्कारों को दूसरे नहीं कर सके, उन्हें सफलता नहीं मिली तब उसे ही क्या सफलता मिल सकेगी-तो क्या आज वह महान आविष्कारकों में गिना जाता? क्या उसे सफलता मिल पाती? उसकी सफलता का रहस्य उसके विश्वास में था। वह सदा आविष्कारों के सपने देखा करता और उन्हें पहले अपने मन में साकार करके फिर पूरी लगन से अपने लक्ष्य को प्राप्त करने के लिए प्रयत्न करता, तभी तो वह एक महान वैज्ञानिक बनने में सफल हुआ।

जो व्यक्ति अपने आत्मविश्वास के बिना अधूरे मन से किसी काम को करते हैं वे अपने लक्ष्य को प्राप्त करने में कामयाब नहीं होते। जो व्यक्ति पूर्ण

आत्मविश्वास के साथ एकाग्र होकर किसी काम को करते हैं वे अवश्य सफल होते हैं।

प्रत्येक मनुष्य की कल्पनाओं में ईश्वरीय प्रेरणा विद्यमान रहती है। मनुष्य को प्रगति के रास्ते पर बढ़ाने वाली शक्ति ईश्वर की प्रेरणा ही है। अब्राहम लिंकन उसी आन्तरिक प्रेरणा से अमरीका के राष्ट्रपति पद पर पहुंचने में सफल हुए, भाग्य से नहीं। ईश्वरीय प्रेरणा ने उन्हें उस उन्नति के मार्ग पर चलने का संदेश दिया। यही ईश्वर का सन्देश हरेक मानव की आत्मा में मौजूद रहता है। लिंकन की असाधारण उन्नति का कारण था उसकी अंतरात्मा का संदेश जो उसे सही मार्ग पर आगे बढ़ाता गया।

प्रत्येक मनुष्य की सफलता के पीछे उसकी इच्छा ही है। विज्ञान ने यह सिद्ध कर दिया है कि उड़ने की प्रबल इच्छा के कारण ही बाज के पंख निकल आए। आप सफलता के शिखर पर इच्छाओं और विश्वासों के बल पर ही पहुंच पायेंगे। जहां आपका विश्वास डगमगा जाएगा, इच्छाओं के रहते भी आप अपनी मंजिल पर नहीं पहुंच सकेंगे। इसलिए अपनी इच्छाओं की पूर्ति के लिए अपने विश्वास को दृढ़ बनाओ। प्रत्येक असमर्थ व्यक्ति को समर्थवान बनाने के मूल में उनकी प्रबल इच्छाशक्ति ही थी। जिसको पूरा करने में उन्होंने अथक परिश्रम किया। प्रत्येक महान विजय व आविष्कार का बीज उसकी अभिलाषा में ही था।

शरीर और आत्मा की इच्छाओं में बड़ा अन्तर होता है। जो अभिलाषाएं हमारी अन्तरात्मा द्वारा प्रस्फुटित होती हैं वे ईश्वरीय प्रेरणा का पुल होती हैं। ये मात्र काल्पनिक नहीं होतीं बल्कि भविष्यवाणी होती हैं। मानवता के कल्याण की अभिलाषाएं ईश्वरीय प्रेरणा ही हैं। हम प्रायः यह समझते हैं कि हम अपनी ही शक्ति से सफलता प्राप्त कर रहे हैं। जबकि सच्चाई यह है कि हमें भीतर से कोई आगे बढ़ने के लिए बार-बार प्रेरित करता है और हम सफलता प्राप्त कर लेते हैं।

बहुत-से लोग अपने जीवन की महानता को, जीवन के उद्देश्य को भुलाकर लक्ष्यविहीन जीवन बिताते हैं। ऐसे लोग नहीं समझते कि वे संसार में किसी विशेष कार्य के लिए जन्मे है वे अपनी मनचाही वस्तुओं का उपभोग स्वतंत्रतापूर्वक कर सकते हैं। इसके लिए वे दूसरों को दुःख पहुंचाने में नहीं हिचकिचाते। वे यह नहीं सोचते कि ईश्वर से जो सन्देश लेकर वे इस संसार में आए हैं उसे दूसरों तक पहुंचाना है और स्वयं अपनाना है। वे भूल जाते हैं कि

सत्य को जीवित रखने की उनकी भी जिम्मेवारी है। ऐसे लोगों के सामने न कोई लक्ष्य होता है और न कोई मंजिल।

जिन आविष्कारों का आज हम लाभ उठा रहे हैं उन आविष्कारों को पूरा करने में जिन महापुरुषों ने कठिन श्रम एवं अभावों का जीवन जीकर भी जो कुछ उन्होंने निर्माण किया है आज हम उनका उपभोग कर रहे हैं। लोग भूल जाते हैं कि उसी निर्माण कार्य को और आगे बढ़ने की जिम्मेदारी हमारी भी है। ऐसे लोगों के लिए उन महान व्यक्तियों का कोई महत्त्व नहीं है जिन्होंने इस संसार को सुन्दर बनाने में अपना जीवन लगा दिया। हम आज जो उपभोग कर रहे हैं वह हमारे पूर्वजों के अथक परिश्रम और त्याग का ही फल है।

कोलम्बस को इतिहास कभी भुला नहीं सकता। वह ऐसा ही साहसी नाविक था जिसने कभी हार नहीं मानी। अपने लक्ष्य को पाने के लिए उसमें अपार आत्मविश्वास भरा हुआ था। यहां तक कि अपने साथी मल्लाहों द्वारा उसे अपने लक्ष्य से हट जाने की सलाह और जान से मार देने तक की धमकी की परवाह किये बिना वह आगे बढ़ता ही गया। उसने स्वयं अपनी डायरी में लिखा है- आज जहाज दक्षिण की ओर बढ़ा, क्योंकि वही हमारा लक्ष्य था। उसकी आंखों के सामने केवल उसका लक्ष्य ही था। जब तक वह अपनी मंजिल पर नहीं पहुंच गया तक वह मार्ग की तमाम कठिनाइयों को झेलता हुआ आगे ही बढ़ता गया। कैसे? घोर आपत्तियों में भी वह अडिग रहा। कैसे? कारण था उसका आत्मविश्वास जिस पर दृढ़ रहकर वह अपनी मंजिल तक पहुंचने में सफल रहा।

प्रायः हम यह समझते हैं कि हम अपनी ही शक्ति से आगे बढ़ रहे हैं जबकि हमें आगे बढ़ाने वाली प्रेरक शक्ति हमारे भीतर होती है जो हमें बढ़ने के लिए प्रेरित करती है। कई बार ऐसा होता है कि किसी आदमी को उसकी इच्छानुसार काम नहीं मिलता, लेकिन थोड़े ही दिनों में वह अपना मनचाहा काम पा जाता है। यह इसलिए होता है कि उसके अन्दर की प्रेरक शक्ति उसे इच्छित कार्य की ओर प्रेरित करती रहती है।

ईसा को अपनी महानता स्वयं प्राप्त नहीं हो गई थी बल्कि उसने उसे प्राप्त किया था। ईसा जन्म से ईसा नहीं था, वह तो अपने मानव कल्याणकारी कार्यों को करने से ईसा बना। अपनी आत्मा की आवाज सुनकर उस पर अमल करके

हम सब ऐसा कर सकते हैं। अपनी शक्तियों का ज्ञान ही चरित्र-निर्माण का रहस्य है, उसी से सफलता मिलती है।

"मैं और मेरा ईश्वर एक है।" ईसा के इस कथन का अर्थ, शेष लोगों से अपने आपको महान बताना नहीं, बल्कि उसने विश्वास दिलाया कि तुम भगवान के मन्दिर हो। संसार के सभी लोग उसी तरह महान बन सकते हैं।

वे सब महान व्यक्ति जिन्होंने मानवता को किसी न किसी तरह से ऊंचा उठाया, दृढ़ आत्मविश्वासी थे।

यदि इलियस हॉब ने कपड़े सीने की मशीन की कल्पना को साकार न किया होता तो अभी तक स्त्रियां हाथ से कपड़े सीतीं।

यदि साइक्रस डक्यू फील्ड समुद्री तारों की कल्पना का स्वप्न न देखता तो आज संसार बेतार के तार से वंचित ही रह जाता।

यदि अब्राहम लिंकन ने स्वतंत्रता का संकल्प न लिया होता तो आज भी लाखों देशवासी पराधीन होते।

अलैक्जेंडर ग्राहम बेल यदि महत्त्वाकांक्षी न होता तो अब तक हम सब टेलीफोन का लाभ नहीं उठा पाते।

मारकोनी की कल्पना से ही रेडियो का आविष्कार सम्भव हो सका।

टेलीग्राफ का आविष्कार मोर्स के स्वप्नों का ही तो आविष्कार था।

गोडियर ने रबर-आविष्कार करने से पहले उसकी कल्पना ही तो की थी।

जार्ज वाशिंगटन ने तब तक संघर्ष किया जब तक कि उसने अपना स्वतंत्रता का लक्ष्य प्राप्त न कर लिया।

अपनी अन्तर्तात्मा की आवाज और उसकी प्रेरणा के बल पर ही गौतम 'बुद्ध' बन गए।

मानव अपनी महत्त्वाकांक्षाओं के साथ आगे बढ़ता है। प्रत्येक कल्पना पहले मन में आती है। मन के स्वप्न पर दृढ़ विश्वास करने से ही सफलता प्राप्त होती है। जो कुछ तुम नहीं चाहते उसका विचार मन में न लाओ। तुम स्वयं विजय हो। तुम जब तक अपनी योग्यता और शक्तियों पर विश्वास न करोगे-महान कार्य नहीं कर सकोगे। लौह-चुम्बक उन्हीं वस्तुओं को अपनी ओर खींचता है जिनका

सम्बन्ध उससे होता है। मनुष्य भी चुम्बक के समान ही होता है। मनुष्य भी अपनी इच्छित चीजों को अपनी ओर आकर्षित करता है।

मनुष्य की इच्छायें और उसका विश्वास उसे अपने लक्ष्य की ओर खींचकर ले जाते हैं।

मनुष्य का सबसे बड़ा यदि कोई शत्रु है तो वह है-निराशा। इस घातक बीमारी का विष प्रायः समस्त दिशाओं में फैला हुआ है। वह मनुष्य के मन और तन दोनों को अपनी गिरफ्त में जकड़ लेती है। जिस क्षण कोई व्यक्ति निराशा के वश में हो जाता है, उसकी समस्त मानसिक शक्तियां कुन्द हो जाती हैं। ऐसे अवसरों पर यदि व्यक्ति स्वयं आत्मविश्वास पैदा नहीं कर सकता तो पथभ्रष्ट हो जाता है।

समस्त विश्व में अनुमानतः प्रतिवर्ष एक लाख व्यक्ति आत्महत्या कर लेते हैं। इसका अर्थ यह हुआ कि एक दिन में आत्महत्या करने वाले लोगों की संख्या पांच सौ से अधिक है। कितने खेद की बात है कि प्रति तीन मिनट में विश्व में किसी हिस्से में आत्महत्या होती है।

अकेले न्यूयार्क नगर में प्रतिवर्ष आठ सौ साठ अर्थात् दो से अधिक व्यक्ति प्रतिदिन आत्महत्या कर लेते हैं। संसार के दूसरे बड़े-बड़े शहरों में आत्महत्याओं की संख्या और भी ज्यादा हो सकती है। न्यूयार्क में अकेले बेलवी अस्पताल ने आत्महत्या का प्रयास करने वालों को बचाया।

फांसी की सजा पाया कैदी भी जेल की कोठरी में जीवन के शेष बचे दिनों को जीता है जबकि आत्महत्या करने वाले व्यक्तियों के लिए जीवन का कोई मूल्य नही होता। वे जीवन इतना निकृष्ट क्यों समझ लेते हैं? आखिर क्यों इतने लोग आत्महत्या करते हैं?

आत्महत्या के मूल में होती है जीवन के प्रति घोर निराशा।

निराशा मन का एक रोग है। इसके कारण मनुष्य अपना संतुलन खो बैठता है। जिस क्षण कोई व्यक्ति निराशा में गहरा डूब जाता है उसकी समस्त मानसिक शक्तियां क्षीण हो जाती हैं। परिणाम यह होता है कि मस्तिष्क ठीक से कार्य नहीं कर पाता और कार्यक्षमता समाप्त हो जाती है। निराशा ऐसे व्यक्ति के मस्तिष्क को अंधकारमय बनाकर विनाश की ओर अग्रसर कर देती है। मनुष्य को अपने आप पर ग्लानि होने लगती है और वह आत्महत्या कर लेता है।

आत्महत्याओं के बारे में मनोवैज्ञानिकों के दृष्टिकोण की तो अभी तक जानकारी नहीं है किन्तु दस में से नौ व्यक्तियों की आत्महत्या का कारण निराशा ही होता है।

मानसिक शक्तियों का नेतृत्व करता है-साहस। जब साहस हार जाता है तब वह किसी विषय पर सही निर्णय नहीं कर पाता। उसकी निर्णय शक्ति समाप्त हो जाती है। जब वह ठीक से विचार नहीं कर पाता तो उसकी तर्क-शक्ति का ह्रास हो जाता है और सारे मस्तिष्क में असन्तुलन फैल जाता है। जब तक साहस पैदा नहीं होता, मन की शक्तियां कार्य नहीं करतीं। क्योंकि निराशा का उद्गगम मन से होता है। मन ही निर्धनता और बुरे कामों के लिए अधिक उत्तरदायी होता है। शंका और भय से भरा मन कोई भी कार्य नहीं कर सकता। निराशावादी मनुष्य की सभी शक्तियां नष्ट हो जाती हैं।

न्यूयार्क में एक युवक संगीतकार ने गरीबी से तंग आकर आत्महत्या कर ली। वह इतना निर्धन था कि उसे अपना प्रिय वायलिन भी गिरवी रखना पड़ा था। वह अपना प्रिय वायलिन छुड़ाने के लिए पैसे इकट्ठे कर लेगा, इसकी उसे कोई उम्मीद न रही। वह इतना निराश हो गया कि उसने आत्महत्या कर अपना जीवन ही समाप्त कर लिया।

आलोचकों की कटु आलोचना से निराश होकर बहुत से प्रतिभावान कलाकारों ने कला की साधना का रास्ता ही छोड़ दिया। ऐसे कलाकारों ने यह विचार नहीं किया कि जीवन की कोई भी इच्छा या कार्य बिना संघर्ष किए और बिना दृढ़ आस्था और विश्वास बिना सफल नहीं हो सकता।

दैनिक समाचार पत्रों में कितने ही ऐसे समाचार पढ़ने को मिलते हैं कि सफलता की सूचना से पहले ही अमुक व्यक्ति ने अपनी सफलता के प्रति संदिग्ध होने के कारण अथवा गलत सूचना मिलने पर निराश होकर आत्महत्या कर ली। अनेक व्यक्ति जीवन संघर्ष के ऐसे क्षणों में साहस छोड़ बैठे जब वे सफलता के समीप पहुंच गये थे। आत्महत्या के विचार के पीछे चाहे वह प्रेम में असल रहने का कारण हो या व्यापार में असफलता रही हो अथवा घर में क्लेश रहने से उत्पन्न हुई स्थिति हो, सभी के पीछे मुख्य कारण है जीवन के प्रति घोर निराशा।

एक कैदी के लिखे से यह बात स्पष्ट हो जाती है कि जब कुछ लोग जीवन में निराश हो जाते हैं तब वे जीवन की सच्चाइयों से दूर चले जाते हैं।

उस डकैत कैदी ने लिखा है कि- "हम अपने जीवन में बुरे कामों को करने का निर्णय तब लेते हैं जब हम निराश हो जाते हैं। उस भयानक आपत्ति से छुटकारा पाने के लिए तक कुछ भी करने को तैयार हो जाते हैं। हमारा संयम जाता रहता है और मानसिक निश्चेष्टा हमें कायर बना देती है।"

हमें यह कभी नहीं भूलना चाहिए कि दुःख की प्रत्येक काली घटा के पीछे आशा का सूर्य भी सदा चमकता रहता है।

यह बात महायुद्ध के दिनों की है जब एक व्यवसायी ने अपने व्यापार में हुए घाटे की वजह से निराश होकर व्यापार बन्द करने का निर्णय कर लिया था। इसी निराशा से पीड़ित होकर वह व्यापारी एक दिन एक पार्क में चिन्ताग्रस्त बैठा था। तभी वहां शराब के नशे में लड़खड़ाता एक भिखारी भी आ पहुंचा। भिखारी उस व्यापारी के पास आकर बैठ गया। उस व्यापारी ने भिखारी की इस बुरी हालत के बारे में पूछा कि उसकी इस हालत का कारण क्या है। उस भिखारी ने अपनी दुरावस्था और बर्बादी के बारे में बताया कि वह एक पढ़ा-लिखा नवयुवक है। अब से कुछ ही दिनों पूर्व वह एक व्यापारी था। व्यापार में असफल हो जाने के कारण वह निराश हो गया और अपने गम को दूर करने के लिए शराब पीने लगा। भिखारी ने कहा- "मैंने समझा कि शराब पीने से शायद मेरी खोई हुई शक्तियां वापस मिल जायेंगी। मैं शराब पीने लगा। पहले मुझे लगा कि मुझमें उत्साह का संचार हो गया है। इसी के साथ मुझको शराब पीने की आदत ही पड़ गई। परिणाम यह हुआ कि मेरी सभी शक्तियां नष्ट हो गईं। मैं बार-बार इस दुर्व्यसन को छोड़ने का प्रयास करता था, लेकिन मैं शराब नहीं छोड़ सका। जिसके कारण आज मेरी यह हालत हो गई है। मैं जीवन के प्रति निराश हूं मेरा कोई भविष्य नहीं है।"

उस व्यापारी के सामीप्य से और उसके प्रश्न करने से वह भिखारी इतना तो भांप गया था कि प्रश्नकर्ता स्वयं किसी निराशा से पीड़ित है। इसलिए अपने बारे में बताने के बाद उसने प्रश्नकर्ता से पूछ लिया कि- "आप किस चिन्ता से पीड़ित हैं?" व्यापारी ने बता दिया कि- "मेरा व्यापार नष्ट हो गया है और मैं सोच रहा हूं कि क्या करूं?" भिखारी ने उसकी ओर देखकर कहा- "क्या तुम यह नहीं

जानते कि मेरी अपेक्षा तुम कितने धनवान हो? तुम्हारे पास स्वास्थ्य है, शक्ति है और अभी तुम युवक हो। तुम्हें जीवन की सभी सुविधाएं प्राप्त हैं। जीवन के मूल्य को समझो और निराशा त्याग दो। तुम्हारी शक्तियों को आज निराशा ने ढक लिया है। मित्र! उठो और याद रखो कि असफलता गिरने में नहीं असफलता हार मान लेने में है। महापुरुषों ने असफलता को सफलता की सीढ़ी समझा था। सबसे बड़ी कमजोरी ठोकर खाकर गिर जाने में नहीं, गिर कर न उठने में है। जीवन के मूल्य को समझो और निराशा छोड़ दो।"

भिखारी से ऐसे प्रेरक शब्द सुनकर व्यापारी बड़ा प्रभावित हुआ, वह अपने मन में सोचने लगा-यह व्यक्ति जो बिल्कुल बर्बाद हो चुका है यदि यह भी जीवन को इतनी आशा से देख सकता है तो मेरे जीवन में तो अभी बहुत-सी आशा शेष है। वह व्यापारी एक नई आशा और उत्साह लेकर पार्क से लौट आया और पुनः अपने व्यापार में उत्साह के साथ जुट गया। आज वह एक धनी व्यापारी है और सभी तरह से प्रसन्न है। वह बताता है कि- "मेरी इस सफलता का रहस्य उस भिखारी की प्रेरणा ही है जिसने मुझे नया जीवन शुरू करने को प्रेरित किया। उस भिखारी ने मुझे उस समय उत्साहित किया जब मैं जीवन से निराश हो गया था।"

एक अंग्रेज अधिकारी ने अपने अनुभव बताते हुए कहा था- "सच्ची वीरता शस्त्र-युद्ध जीतने में नहीं-जीवन के संघर्षों को जीतने में है।" सच्चा विजेता वही है जो सभी तरह की निराशाओं से संघर्ष करता हुआ जीवन में साहस के साथ अडिग खड़ा रहता है, क्योंकि जीवन बड़ा संघर्षमय है।

ऐसे संघर्षमय क्षण प्रत्येक व्यक्ति के जीवन में आते हैं जब उसका साहस क्षीण होता प्रतीत होता है। ऐसे समय ईश्वर पर विश्वास मानकर धैर्य के साथ उसका सामना करना चाहिए।

मुझे ऐसे अनेक उदाहरण मालूम हैं जब लड़कियों ने बहुत दुःखी होकर किसी ऐसे पुरुष के साथ विवाह किया जिसे वे कभी पसन्द नहीं करती थी। उनके परिवार पर कोई विपत्ति आ गई थी अथवा माता-पिता की मृत्यु के कारण उन्हें उस अनचाहे व्यक्ति के साथ शादी करनी पड़ी जिसे वे अपने सुख के दिनों में ठुकराती रही थीं। उन्हें इसके सिवाय और कोई रास्ता नहीं दिखाई दिया; किन्तु

ऐसे अनचाहे विवाह स्थायी नहीं रह सके और थोड़े ही दिनों में तलाक का कारण बन गए।

जिस व्यक्ति में आत्मविश्वास हो उसे सफलता पाने से कोई नहीं रोक सकता।

ओलबुल ऐसा ही एक आत्मविश्वासी वायलिन वादक था। जब वह अमेरिका में आया था तब उसके आलोचकों ने उससे कहा था कि वह वहां पर सफल नहीं होगा, क्योंकि अभी उसे संगीत-विद्या का पूरा ज्ञान भी नहीं है और वहां पहले से ही एक कलाकार मौजूद है जो वायलिन बजाने की कला में पूर्ण ज्ञान रखता है। उस कलाकार में कला का ज्ञान तो था, लेकिन ओलबुल जैसी आत्मानुभूति नहीं थी। ओलबुल न तो अमेरिका से गया और न ही उसने हिम्मत हारी। उसमें सफलता पाने के लिए आत्मविश्वास भरा था। आज उस कलाकार को तो कोई नहीं जानता, लेकिन ओलबुल को आज भी वायलिन प्रेमी हृदय में बसाए हुए हैं।

कभी हमारा कोई विशेष प्रिय व्यक्ति हमसे बिछुड़ता है अथवा प्रियजन की मृत्यु हो जाती है तब ऐसे दुःखपूर्ण क्षणों में मन पर बड़ा आघात पहुंचता है और अपार मानसिक कष्ट होता है, जीवन शून्य बन जाता है। उस समय ऐसा लगता है कि जीवन की सभी खुशियां समाप्त हो गईं। इस तरह के मानसिक कष्टों पर विजय पाना प्रायः कठिन होता है। लेकिन आश्चर्य की तो बात यह है कि ऐसे भी व्यक्ति हैं जो ऐसे क्षणों में भी हंसते रहते हैं या मनोरंजन करते रहते हैं। आवश्यकता है विवेकपूर्ण साहस की।

जीवन में कितने ही अंधकारमय क्षण आते हैं जो थोड़ी देर ठहरकर चले जाते हैं और फिर नई आशा की किरणें चमकने लगती हैं। जिस तरह वर्षा ऋतु में कभी-कभी सूर्य काली घटाओं में छिप जाता है और इतना अंधेरा छा जाता है कि दिन में भी दीपक जलाना पड़ता है। लेकिन दूसरे ही पल काली घटाओं को भेदती हुई सूर्य की किरणें पुनः पृथ्वी पर फैले अंधकार को दूर करने आ जाती हैं। हमें साहसपूर्वक अंधकार के छंटने और प्रकाश के आने की आशा को नहीं छोड़ना चाहिए।

समय के साथ सभी शारीरिक और मानसिक परेशानियां दूर हो जाती हैं। "वीर पुरुष परिस्थितियों के दास नहीं, स्वामी होते हैं।"

मनुष्य का व्यक्तित्व और चरित्र ही-सफलता का आधार है। धन तो केवल एक साधन मात्र है। जिन विचारों से निराश होकर लोग अपना जीवन नष्ट कर लेते हैं

वे पुराने पड़ गए हैं। नवीन विचारकों को मैंने उन सफलताओं पर भी विजय पाते देखा है जिन पर पुराने विचारों से प्रभावित लोग निराश हो गए थे। अपने आत्मविश्वास और चरित्र के बल पर एक साधनरहित व्यक्ति भी कितनी महान विजय प्राप्त कर सकता है, इसका उज्ज्वल उदाहरण भारत के इतिहास में मराठा वीर छत्रपति शिवाजी के जीवन से मिलता है।

भारतवर्ष में 'हिन्दूपद-पदशाही' स्थापित करने वाले शिवाजी एक साधारण सैनिक थे। अपने अदम्य साहस और वीरता के बल पर उन्होंने धन और शस्त्र के अभाव में भी एक वीर सेना खड़ी कर ली थी। उसके पास दुर्गम पहाड़ी प्रदेश में उसके साहस और आत्मविश्वास के अतिरिक्त कुछ भी नहीं था। इसी बल पर सेना खड़ी कर उसने अपने युद्ध कौशल से बड़े भयंकर हमले किये और विजय प्राप्त की। उसने ऐसी युद्ध नीति अपनाई कि हमले में उसका एक भी सैनिक नहीं मारा जाता जबकि शत्रु की बहुत भारी हानि होती। शिवा को लूट में धन और शस्त्र बड़ी संख्या में मिलते। शिवाजी की शक्ति इतनी अधिक बढ़ गई कि मुगलों का शक्तिशाली बादशाह औरंगजेब भी हिल गया। आगे चलकर शिवाजी एक प्रचंड सेना के सेनानायक बने, उस समय के सबसे शक्तिशाली बादशाह औरंगजेब के दांत खट्टे कर दिखाए। भारत के इतिहास में वीर शिवाजी का नाम स्वर्ण अक्षरों में अंकित रहेगा। शिवाजी की महान सफलता का रहस्य साहस और लक्ष्य प्राप्ति के लिए आत्मविश्वास ही था।

इमर्सन ने लिखा है- "मुझे उस व्यक्ति की आवश्यकता है जो मुझसे वह काम करवा सके जिसे मैं करना चाहता हूं।"

यदि आप अपनी अन्तरात्मा द्वारा बताए रास्ते पर विश्वास और आशा के साथ चल सकेंगे तो ऐसी कोई भी कठिनाई नहीं जिसे आप दूर न कर सकें और अपने लक्ष्य को प्राप्त न कर सकें। निराशा से छुटकारा पाने के लिए अपने आपसे बढ़कर और कोई सहायक नहीं होता। आप अपनी ईश्वरीय शक्तियों को जान जायेंगे, तब आपका खोया हुआ साहस भी लौट आएगा और आप नए उत्साह और आत्मविश्वास का अनुभव करते हुए प्रगति-पथ पर आगे ही आगे बढ़ते जाएंगे।

नवीन विचार-दर्शन इन्हीं आत्मिक शक्तियों पर विश्वास करता है। क्या ईश्वर कभी यह चाह सकता है कि उसकी सन्तान जीवन भर शारीरिक और मानसिक कष्ट उठाए-नहीं-ईश्वर तो सदा अपनी सन्तान को प्रसन्न देखना चाहता है।

जब भी मैं कहता हूं- मैं यह काम नहीं कर सकता, मैं वह नहीं कर सकता, मेरे लिए यह असम्भव है, वह असम्भव है -तो समझिए मैं अपनी शक्तियों की उपेक्षा कर रहा हूं। अब से मैं आशावादी बनूंगा-मैं कहूंगा- मैं यह काम कर सकता हूं मैं करने में समर्थ हूं और मैं करूंगा। - और तब मेरी शक्तियां दुगुनी हो जायेंगी।

निराश व्यक्ति उस मूर्ख के समान है जो सूर्य की ओर पीठ करके सारे विश्व में अंधेरा देखता है। आवश्यकता मुंह को प्रकाश की ओर करने की है।

जीवन में असफल लोगों में भी अपूर्व कार्यक्षमता होती है। आत्मविश्वास की कमी होने के कारण वे साहस नहीं कर पाते। जब कभी किसी घटना विशेष से मनुष्य के आत्मविश्वास को ठेस लगती है तो वह निराशा का शिकार हो जाता है। मनुष्य को सबसे ज्यादा अपने आप पर ग्लानि का अनुभव उस समय होता है जब वह अपने द्वारा हुए दुष्कर्म या पाप को देखता है। उस समय वह निराशा से ग्रस्त हो जाता है।

साहस के अभाव में कोई भी व्यक्ति आगे नहीं बढ़ सकता। साहस मन का राजा है। उसके पतन के साथ ही दूसरी मानसिक शक्तियां भी अपना कार्य करना छोड़ देती हैं। परन्तु मनुष्य के मन में जब सफलता के लिए साहस आ जाता है, उसकी सभी शक्तियां उभरकर सामने आ जाती हैं।

इसलिए उठो और साहस के साथ अंधेरे से प्रकाश की ओर बढ़ चलो। भाग्य को कोसना छोड़ सफल जीवन जीने के लिए अपने मन में साहस और आत्मविश्वास को जगाओ। भगवान भी तुमसे यही चाहता है।

अपने मन में साहस का संचार करते हुए स्वयं से कहो- मैं संसार में विजय प्राप्त करने के लिए आया हूं-हारने के लिए नहीं। मैं ईश्वर का अंश हूं। मेरे निराश होने का कोई कारण नहीं है, मैं जीवन में सदा सफलता और प्रसन्नता के लिए आया हूं। असफलता या पराजय के लिए नहीं। मेरा हृदय भीतर से कहता है कि मेरी गरीबी और विनाश का कारण मैं स्वयं हूं, मेरे अलावा इसका कोई दूसरा कारण नहीं है, लेकिन मैं सदा परिस्थितियों से महान हूं। मेरे दुर्भाग्य का कोई

कारण नहीं, क्योंकि मैं अपने भाग्य का निर्माता हूं। मेरा जीवन प्रसन्नता, शक्ति और उत्साह के लिए है न कि दुःख, चिन्ता या शोक के लिए।

मैं अपने मन में हीनता के विचार नहीं आने दूंगा। इससे ईश्वर की महानता का अपमान होता है। मैं ईश्वर पुत्र हूं और ईश्वरीय विभूतियां मुझे वसीयत में मिली हैं। जीवन की बहुमूल्य वस्तुएं मेरी प्रतीक्षा कर रही हैं। मैं हीन नहीं हूं।

विश्वास के साथ कहो- मैं स्वतंत्र हूं, बन्दी नहीं, मैं किसी भी कीमत पर अपनी शक्तियों का निराशा के हाथों नाश नहीं होने दूंगा। मैं अभय हूं क्योंकि भय का भगवान से कोई सम्बन्ध ही नहीं। मुझे किसी चीज का अभाव नहीं सृष्टि की प्रत्येक सम्पदा पर मेरा अधिकार है। मैं अपने पिता से एक हूं मेरा जन्म निराशा के लिए नहीं हुआ। जीवन में मेरी निराशा यही सिद्ध करती रही है कि मेरा ईश्वर पर कोई विश्वास नहीं और मैं किसी दानवी शक्ति को ईश्वर से ज्यादा महत्त्व देकर विश्वास करता रहा हूं। अब से मैं यही निश्चय करके चिन्ता मुक्त हो जाऊंगा कि मेरे सारे जीवन की जिम्मेवारी उस सर्वशक्तिमान ईश्वर के हाथ में है जो सम्पूर्ण सृष्टि का रचयिता है। मैं पूरे आत्मविश्वास के साथ स्वयं को ईश्वर की सन्तान समझूंगा।

ईश्वर से भिन्नता की भावना ही हमारी समस्त चिन्ताओं का मूल कारण है। स्वयं को ईश्वर से अलग मानकर ही मनुष्य संसार में स्वयं को अकेला आरक्षित और असहाय पाता है। जो व्यक्ति ईश्वर को सदा अपने समीप जानता है वह सभी दुष्कर्मों से बच जाता है और सभी प्रकार की निराशाओं और कष्टों से मुक्त हो जाता है। समान परिस्थितियों में जब दूसरे लोग संघर्षों की मार से दब जाते हैं, ईश्वर पर भरोसा करने वाले विजय प्राप्त करते हैं। ऐसा व्यक्ति जीवन के हर संघर्ष को सफलता और प्रगति की सीढ़ी समझता है।

अपने-आपसे कहो- मैं निराशा पर विजय प्राप्त करता हूं मैं अपना आत्मसम्मान कायर या निराश बनकर नहीं खोऊंगा। मेरे जीवन की सफलता मेरे अपने हाथ में है। बाधाओं की परवाह किये बिना मैं अपने जीवन लक्ष्य की ओर बढ़ता जाऊंगा। मेरा ईश्वर में अटल विश्वास है। यदि आज मेरी मंजिल मेरी आंखों से ओझल है तो परवाह नहीं, मैं स्वयं अपना रास्ता बना लूंगा। मेरे जीवन की सफलता मेरे हाथ में है। निराशा का मेरे ऊपर कोई प्रभाव नहीं पड़ सकता, क्योंकि वह केवल दूषित मन की कल्पना है-सत्य नहीं।

इन विलक्षण प्रतिभाओं में असफल और निराश मनुष्य के लिए कितनी प्रेरणा भरी हुई है-

जो ईश्वर की क्षत्रछाया में रहते हुए जीवन जीते हैं, ईश्वर उनकी रक्षा करता है। ईश्वर के संरक्षण में रहते हुए उस पर विश्वास करोगे तो विश्वास तुम्हारी रक्षा करेगा।

बाइबल की इन प्रतिज्ञाओं को दुहराते हुए बहुत लोग प्रेरणा लेते हैं।

मनोविज्ञान का सिद्धान्त है कि- मस्तिष्क में दो विरोधी विचार एक साथ नहीं रह सकते। हमारा व्यक्तित्व हमारे विचारों का दर्पण है। जीवन की उन्नति-अवनति, सफलता-असफलता और आशा-निराशा हमारी इच्छा-शक्ति पर निर्भर करती है।

अपने में सदा अच्छे विचारों को भरे रखो। सदा कल्याण के ही बारे में सोचो। जीवन में हर पल यही विचार रहे-मैं सर्वशक्तिमान ईश्वर की सन्तान हूं इसलिए मुझे किसी से भय मानने की कोई जरूरत नहीं है। मैं संसार के स्रष्टा का अंश हूं इसलिए मैं कर्म तो करूंगा, लेकिन फल की इच्छा नहीं करूंगा। मेरे जीवन में कोई असफलता नहीं आ सकती, क्योंकि मेरा नाता सफलता के उस अनन्त स्रोत से है। मुझे कोई डर नहीं है, क्योंकि मैं साहसी हूं-सत्य हूं।

यदि मनुष्य को अपने जीवन में दुःखों और कठिनाइयों का सामना न करना पड़े तो उसकी जीवन-यात्रा कितनी सुखमय हो जाये। लेकिन जीवन की महानता इसमें नहीं है, क्योंकि जीवन एक संघर्ष है। जिस प्रकार अग्नि में तप कर सोना कुन्दन बन जाता है उसी प्रकार जीवन की सभी कठिनाइयों को दूर करता हुआ मानव-महामानव बन जाता है। जीवन की महानता इसी में है।

मन में सफलता के विचार के अलावा जीवन में सफलता प्राप्ति का दूसरा कोई उपाय नहीं। मन में आशा और विश्वास की शक्ति निराशा को दूर भगा देगी। जिन व्यक्तियों में सफलता के लिए आशा और आत्मविश्वास है, वही व्यक्ति जीवन की सभी कठिनाइयों को हंसते-हंसते झेलकर सफलता के उच्च शिखर पर जा पहुंचे हैं।

3. मेहनत और आत्मविश्वास

अपनी अन्तःकरण की छिपी शक्तियों का ज्ञान होने पर मनुष्य में कार्यक्षमता का विकास होता है और थोड़ी-सी उन्नति करते ही वह बड़ी तीव्रता से उन्नति के शिखर को प्राप्त करने के लिए आगे बढ़ता है।

संसार में ऐसे अनेक व्यक्ति हैं जो अपने आपसे अनजान हैं। उन्हें अपने अन्दर की छिपी हुई शक्तियों का ज्ञान नहीं है।

महत्त्वपूर्ण यह नहीं जो तुम आज हो, बल्कि वह है जो तुम कल बन सकते हो।

भारतीय साहित्य के गौरव, संस्कृत के महाकवि और नाटककार कालिदास को कौन नहीं जानता। कालिदास तथा उनके साहित्य का तो विदेशों में भी बहुत सम्मान है। परन्तु कितने आश्चर्य की बात है कि युवावस्था को पार कर विवाह करने तक कालिदास इतना ही पढ़ा-लिखा था कि 'मूर्ख' की उपाधि से ही सुशोभित किया जा सकता था। कालिदास का विवाह विद्योत्तमा नाम की राजकन्या के साथ हुआ था। विद्योत्तमा पढ़ी-लिखी विदूषी स्त्री थी। विवाह के समय तक विद्योत्तमा को कालिदास के विषय में पता नहीं था। वह तो कालिदास को अत्यन्त विद्वान ही समझती थी। विवाह की रस्में पूरी हो जाने के बाद जब

नव विवाहित दम्पत्ति पास-पास बैठे, तभी अचानक किसी पशु के बोलने की आवाज सुनाई दी। कौतूहलवश विद्योत्तमा ने कालिदास से पूछ लिया कि यह कौन बोल रहा है? कालिदास ने जो उत्तर दिया उसमें भाषा की अशुद्धियां थीं, ठीक उसी तरह मानो किसी बिना पढ़े-लिखे गंवार व्यक्ति से आशा की जा सकती है। अपने पति द्वारा अशुद्ध उच्चारण करते देख विदूषी विद्योत्तमा आश्चर्यचकित हो पति की ओर देखती रह गई। उसे यह समझते देर न लगी कि वह पड़ा-लिखा नहीं है। विद्योत्तमा को बड़ी निराशा हुई; किन्तु उसने उस अवसर पर बड़े धैर्य से काम लिया। शांत किन्तु दृढ़ शब्दों में उसने पति से कहा- स्वामी! विद्या ग्रहण करो और विद्वान बनकर वापस घर लौटना- जाओ!

पत्नी द्वारा कहे इन शब्दों को सुनकर कालिदास की प्रसुप्त शक्तियां जाग उठीं। पत्नी का एक-एक शब्द मानो कालिदास के लिए प्रकाश स्तम्भ बन गया। कालिदास विद्याध्ययन के लिए चले गए। अपनी मेहनत और आत्मविश्वास के बल पर उन्होंने इतनी उन्नति की कि संस्कृत में उनके समान कोई विद्वान टिक नहीं सका। आज सारा संसार उन्हें संस्कृत के पंडित महाकवि और नाटककार के रूप में सम्मान देता है।

मनुष्य में अनेक शक्तियां विद्यमान रहती हैं। किसी विशेष अवसर अथवा कोई घटना जो उसके हृदय को छू ले, उसकी प्रसुप्त शक्तियों को झकझोर कर जगा देती है। कालिदास के जीवन में आए परिवर्तन से यह बात स्वयं सिद्ध हो जाती है। अपढ़ और मूर्ख कालिदास के अन्दर एक महाकवि और नाटककार छिपा हुआ था।

अनेक महापुरुषों, विद्वानों और विजेताओं की अपूर्व सफलता का भेद उनके जीवन में अचानक घटी किसी घटना विशेष अथवा अवसर विशेष का ही है। जिसने उनके अन्दर के महामानव को जगा दिया। अचानक जब उन्हें अपने अन्दर की सोई हुई शक्तियों का ज्ञान हुआ, वे साधारण मानव असाधारण बन गए।

स्वयं को हीन और अयोग्य समझने वाले कितने ही व्यक्तियों को ज्योंही अपनी महानता का ज्ञान हुआ है, उनमें एक नई स्फूर्ति का संचार हुआ है और वे सम्पूर्ण समाज के लिए उदाहरण बन गए हैं। आवश्यकता है उनमें नई स्फूर्ति

और सोई हुई शक्तियों को जाग्रत करने वाले ऐसे आंचल की जो उन सोई हुई आत्माओं को जगा दे।

अपने वर्तमान जीवन से असन्तोष यही दर्शाता है कि हमने अभी तक अपनी सभी शक्तियों का प्रयोग नहीं किया है। अंतःप्रेरणा हमें आभास कराती है कि हमारे भीतर एक प्रतिभावान महान् व्यक्तित्व है जिसे हमने अभी तक जाना नहीं है। हम उसके लिए तब तक संघर्ष करते रहेंगे जब तक कि हमें जीवन में सन्तुष्टि प्राप्त न हो जाये। अंतःप्रेरणा हमें बताती है इस साधारण जीवन में भी महानता छिपी हुई है। हमें उस छिपी हुई प्रेरणा को बाहर लाना चाहिए और उसका उपयोग करना चाहिए। हम जो कुछ आज हैं, वह ईश्वर की महान शक्ति का अंश है। यह छोटा-सा अंश हमें भविष्य के महान् जीवन का संदेश देता है। सच तो यह है कि हमारा आज का वर्तमान जीवन आने वाले महान जीवन की भविष्यवाणी है। वही हमारे जीवन का लक्ष्य है-उसे हम प्राप्त कर उसका उपभोग करेंगे। हम तब तक विश्राम नहीं करेंगे तब तक कि उस महानता को प्राप्त न कर लें।

अपनी अन्तःकरण की छिपी शक्तियों का ज्ञान होने पर मनुष्य में कार्य-क्षमता का विकास होता है और थोड़ी-सी उन्नति करते ही वह बड़ी तीव्रता से उन्नति के शिखर को प्राप्त करने के लिए आगे बढ़ता है। थोड़ी-सी उन्नति होने पर साधारण-सा कर्मचारी भी अपनी शक्तियों से कई गुना अधिक कार्य करने में समर्थ हो जाता है। शक्ति का यह द्वार जब तक बन्द रहता है तब तक महानता उसमें छिपी रहती है। ठीक उसी तरह जिस तरह उस सिंह के बच्चे के भीतर छिपा हुआ शेर-जिसे भेड़ उठा ले गई और वह स्वयं को भेड़ ही समझता रहा था।

एक बार जंगल में एक शेर का बच्चा अकेला ही खेल रहा था। उसकी मां सो रही थी। खेलते-खेलते वह दूर जंगल में निकल गया। वह ऐसी जगह आ गया जिसे उसने पहले कभी नहीं देखा था। अपने चारों ओर फैली प्राकृतिक सुन्दरता को देखने में इतना मग्न था कि उसे लौटकर अपनी मां तक जाने का रास्ता ही याद नहीं रहा।

उस घने जंगल में वह अकेला इधर-उधर भटकता हुआ मां! मां! पुकार रहा था। तभी उधर से एक भेड़ गुजरी जिसके अपने बच्चे कई दिन पूर्व मर गये थे।

जब उसने उस शेर के बच्चे को मां! मां! पुकारते सुना तो उसका हृदय ममता से उमड़ पड़ा। शेर के बच्चे को वह भेड़ अपने घर ले आई। भेड़ उसे अपने बच्चे की ही तरह प्यार से पालती रही। इसी तरह काफी दिन बीत गए। अब वह शेर का बच्चा इतना बड़ा हो गया था कि कई बार तो भेड़ उसे देखकर भय से सहम जाती। उस जंगल में अचानक कहीं से एक शेर आ गया। सामने की ऊंची पहाड़ी पर खड़ा होकर वह दहाड़ने लगा। उसकी भयानक गर्जना सुनकर भेड़ तो थर-थर कांपने लगी और भय से उसका शरीर सुन्न हो गया। लेकिन उस शेर की गर्जना की ध्वनि जैसे ही शेर के बच्चे के कानों में पड़ी, उसके हृदय में विचित्र-से भाव उमड़ने लगा।

उस भेड़ द्वारा पालित शेर के बच्चे के हृदय में भावनाओं का ऐसा वेग उमड़ा कि वह भी अपने पूरे जोर से दहाड़ने लगा। फिर अपनी भेड़ मां को आखिरी बार शोकपूर्ण मुद्रा में देखता हुआ छलांग लगाकर शेर के पास पहुंच गया। सिंह की दहाड़ ने उसके प्राकृतिक स्वभाव को जाग्रत कर दिया था जो आज तक सुप्त प्रायः था। पहले वह कुत्ते की आवाज से भी डर जाया करता था। वह भेड़ों में रहकर स्वयं को भी उनमें से एक समझता था। उसके मन में भी कभी यह बात नहीं आई कि भेड़ों से अलग भी उसका कोई अस्तित्व है। जब तक अपने को भेड़ ही समझता रहा-उसमें बल भी भेड़ जितना ही बना रहा। उसके भीतर का शेर सोया रहा। पर आज वह सत्य को जान गया कि कुत्ता ही क्या, जंगल के सभी जीव-जन्तुओं को वह अपनी एक ही दहाड़ से दहला सकता है।

अब उसके भीतर सिंह जो सोया पड़ा था, जाग गया। अब वह सिर्फ सिंह को ही अपने बराबर समझता था, किसी अन्य को नहीं। सिंह की दहाड़ सुनने से पूर्व यदि यह बात उससे कही जाती तो वह यही कहता कि- मैं तो भेड़ हूं भला मैं सिंह से कैसे बराबरी कर सकता हूं। पर अब उसके अन्दर का छिपा हुआ सिंह उजागर हो गया था, अब वह अपने बराबर किसी दूसरे को कैसे समझ सकता था। अब तो उसकी शक्तियां कई गुना ज्यादा बढ़ गई थीं। अब उसे भेड़ का जीवन कैसे अच्छा लग सकता था। अब तो उसे जंगल का स्वतंत्र वातावरण ही अच्छा लग सकता था। इसीलिए वह छलांग लगाता हुआ जंगल में विलीन हो गया-वह वनराज जो था।

प्रत्येक मनुष्य के अन्दर भी उसका तेज और विशिष्टता सुप्तावस्था में होती है। अवसर पाते ही वह प्रस्फुटित हो जाती है। आवश्यकता है उस अवसर की जो

उसके अन्दर की गहराइयों से उसकी छिपी शक्तियों को बाहर ला सके। फिर वह अपने को हीनावस्था में स्वीकार नहीं कर सकता। अपनी महानता का बोध होते ही वह साधारण जीवन जीने से सन्तोष नहीं करेगा, बल्कि प्रगति के लिए आगे और आगे बढ़ेगा।

कितने ही ऐसे युवक और युवतियां हैं जिन्हें अभी तक अपनी महानता का ज्ञान नहीं है। आज जो फटे-पुराने चिथड़ों में लिपटे अनेक साधारण बालक गन्दी बस्तियों में जी रहे हैं-कौन कह सकता है किस बालक के अन्दर कोई महापुरुष नहीं छिपा हुआ है। कितने ही साधारण जीवन जीने वाले लोगों को जीवन की ऊंचाइयों तक जाते देखा है। तब कैसे कहा जा सकता है कि होटलों या दफ्तरों में साधारण काम पर लगे हुए मामूली लोग भविष्य में कितने महान बनेंगे?

उठो! अपने जीवन की योजना बनाओ ताकि तुम्हारी सोई हुई महान प्रतिभा और शक्ति, जो अब तक व्यर्थ पड़ी हुई है, जाग उठे। तुम्हारी अंतःप्रेरणा तुम्हें यह ज्ञान कराती है और कभी-कभी तुम स्वयं भी उनका अनुभव करते हो। अपने भीतर के महान व्यक्तित्व को जगाने का प्रयत्न करो।

कोई भी व्यापारी इस तरह का व्यापार करना नहीं चाहेगा जिसमें लगे धन का न तो लाभ मिले और न ही उसकी पूंजी का सूद। क्या तुम जानते हो कि तुमने ऐसे ही व्यापार में अपनी पूंजी लगा दी है? जिस प्रकार बैंक में काफी धनराशि जमा होने पर भी कोई व्यक्ति देनदारों से यह कहे कि मैं अदायगी नहीं कर सकता, लिया हुआ उधार देने में असमर्थता व्यक्त करे, ऐसे व्यक्ति को क्या कहोगे? सोचो! तुम्हारी दशा उससे भी ज्यादा बदतर है, तुम्हारे पास भी योग्यताओं की सम्पत्ति बैंक में रखे धन के समान बेकार पड़ी हुई है। तुम अपना सारा जीवन व्यर्थ ही अभाव में गुजार रहे हो। तुम गरीब नहीं हो। तुम्हारे पास तो प्रतिभाओं का भण्डार है। अपनी महान शक्ति और प्रतिभा को समझो।

जिस तरह उस शेर के बच्चे ने जंगल से आती सिंह की दहाड़ को सुनकर यह जान लिया कि वह भेड़ों में से नहीं है, जंगल का राजा सिंह है, उसी प्रकार तुम भी अपनी आत्मा की शक्तियों को समझो। जिस दिन तुम अपनी सोई हुई शक्तियों को जान जाओगे तब तुम भी साधारण मनुष्य नहीं रह जाओगे। आज के नये दर्शन ने मनुष्य की इन्हीं सोई हुई शक्तियों को जगाने का महान कार्य अपने हाथ में लिया है। उस विचार-दर्शन से मनुष्य नया जीवन अपना लेता है।

तब उस पहले के ही मनुष्य में हीनता के सभी भाव खत्म हो जाते हैं और वह अपने आत्म-विश्वास के साथ जीवन को उन्नति की ओर ले जाता है।

नया दर्शन हमारे भीतर की उस अज्ञात शक्ति को जगा देता है जो अभी तक सोई पड़ी थी। जिस तरह कोलम्बस ने उस भूमि को खोज निकाला जिसका हमें ज्ञान नहीं था।

भौतिक और रसायन विज्ञान के वही नियम अब भी लागू हैं जो हजारों साल पहले थे, उनमें कोई परिवर्तन नहीं हुआ है। लेकिन ऐसे कई वैज्ञानिक हैं जिन्होंने नये-नये आविष्कार करने में असाधारण सफलता प्राप्त की है। कई सालों पहले जो सामग्री न्यूटन के पास थी-एडीसन के पास भी प्रायः वही सामग्री थी-तो भी एडीसन कितने नए आविष्कार करने में सफल हुआ। वर्षों पहले के मानव का जो स्वभाव था आज भी वही है पर आज वह पहले से कितनी अधिक प्रगति कर गया है।

संसार में ऐसे कितने ही व्यक्ति हैं जो अपने जीवन में ऊंचा उठना चाहते हैं, कुछ करना चाहते हैं। लेकिन उन्हें इस बात की प्रतीक्षा है कि किसी दिव्य शक्ति से वे जीवन की महानता को प्राप्त कर लेंगे। वे जीवन-भर उस चमत्कार की प्रतीक्षा करते रहते हैं जो उनकी सभी आकांक्षाओं को किसी जादू की छड़ी से ऊंचा उठा दे और उनकी आत्मा की प्यास बुझा दे। यदि आप भी किसी ऐसे ही चमत्कार की प्रतीक्षा कर रहे हैं जो आपकी इस प्यास को तृप्त कर दे-तो नए जीवन दर्शन रूपी कलकल करते जलाशय के तट पर आकर अमृत का पान कर अपनी युगों की प्यासी आत्मा को तृप्त कर लो।

नया दर्शन हमारे भीतर की उस अज्ञात शक्ति को जगा देता है जो सदा प्रतीक्षा में सोई रहती है।

हमारे इस तुच्छ जीवन में भी महानता छिपी पड़ी है। जब तक हम उस महानता को प्राप्त नहीं कर लेते हम आराम नहीं करेंगे। हम जो कुछ आज हैं वह ईश्वर का एक अंश हैं। यह छोटा-सा अंश हमें आने वाले कल के महान जीवन का संदेश देता है। हमारा जीवन-लक्ष्य अपनी उस महानता को पाना है।

मनुष्य को जब यह ज्ञान हो जाता है कि वह ईश्वर का ही अंश है और उस सृष्टिकार से उसका अटूट सम्बन्ध है तो वह अलौकिक शक्ति का अनुभव करता है। उसे लगता है कि उसकी तमाम दुर्बलता समाप्त हो गई है। उसके शरीर और

आत्मा में ईश्वर की महान शक्ति विद्यमान है। वह जिस कार्य को भी करने की योजना बना रहा है वह अवश्य सफल होगी, क्योंकि ईश्वर ही उसकी रक्षा करेगा।

जिन लोगों ने अपने जीवन की महानता और ईश्वर से अपने अटूट सम्बन्ध को समझ लिया है और उच्च जीवन और आदर्श पा लिए हैं, उन्हीं लोगों के आदर्श की संसार को जरूरत है। संसार को वकील, डाक्टर या राजनीतिज्ञों की आवश्यकता नहीं है। आवश्यकता है प्रेरणा देने वाले महापुरुषों के आदर्श की। विश्व में आज बड़े-बड़े व्यापारी और मिल-मालिक तो बहुत हैं लेकिन आवश्यकता है लिंकन जैसे महामानव की।

अपने अन्दर की प्रसुप्त शक्तियों को जाग्रत करो। महत्त्वपूर्ण यह नहीं है जो तुम आज हो, बल्कि वह है जो कल तुम बन सकते हो।

ग्रीक देश के विशाल डैलफिन मन्दिर के द्वार पर अंकित ये अमर शब्द- अपने को पहचानो -उस देश के सात बुद्धिमान महापुरुषों के ज्ञान का सार हैं।

सचमुच ही अपने को जाने बिना हम विश्व को नहीं जान सकते। अपने को जानना और अन्तर में बसे ईश्वर रूप को पहचानना-सफल जीवन का यही मूलमंत्र है।

भारतीय इतिहास के प्रचंड बलवान योद्धा पवन पुत्र हनुमान को भी अपने अन्दर की छिपी अपार शक्तियों का पता नहीं था। रामचन्द्र जी के साथ वे भी बैठे इस समस्या पर चिन्तामग्न थे कि रामचन्द्र जी की धर्मपत्नी सीताजी को समुद्र के उस पार किस तरह जाकर खोजा जाये। वहां उपस्थित सभी ऐसे व्यक्ति के बारे में सोच रहे थे जो समुद्र को लांघ सके। अचानक अंगद जी ने हनुमान जी की ओर देखकर कहा- यह काम तो आप आसानी से कर सकते हैं। आप तो पवन पुत्र हैं, वायु का अवतार हैं। आपके लिए समुद्र पार करना तो बायें हाथ का खेल है। हनुमानजी ने जब अंगद जी के कहे ये शब्द सुने कि वे स्वयं वायु के अवतार हैं तो उन्हें ऐसा प्रतीत हुआ मानो अभी-अभी वे गहरी नींद से जागे हों। इस वाक्य ने उनके अन्दर की छिपी हुई अछूत शक्ति का ज्ञान करा दिया। अब क्या था, अगले ही क्षण हनुमानजी उछलकर खड़े हो गये मानो भूले हुए सिंह को शीशा दिखा दिया गया हो और वह स्वयं की शक्तियों से परिचित हो गया हो। उनकी सोई हुई शक्ति जाग गई थी, वे अपनी महानता को पहचान गए थे। उनमें आत्मविश्वास भर गया और वायुवेग से समुद्र लांघ गए।

इमर्सन ने कहा है कि- बहुत कम लोग मृत्यु से पहले अपने आपको पहचान पाते हैं। कई बार तो अत्यन्त बलवान व्यक्ति भी अपनी शक्तियों से अनभिज्ञ ही रहता है। बहुत कम व्यक्ति ही अपने अन्दर की छिपी हुई शक्तियों को प्रकट कर पाते हैं। बाकी तो उन्हें अपने साथ ही लिए इस संसार से चले जाते हैं। हममें से कितने लोग तो ईश्वर के अमर सन्देशों को दूसरों तक पहुंचाए बिना ही मर जाते हैं।

यह बात कितनी अविश्वसनीय लगती है कि आप स्वयं को नहीं जानते, लेकिन यह सच है कि आप स्वयं से अनजान हैं। संसार में ऐसे लोगों की कमी नहीं है जो अपनी अद्भुत शक्तियों से अनजान हैं। जब तक कोलम्बस ने पश्चिमी प्रदेश की जानकारी नहीं दी तब तक देशी अमेरिकन उसके बारे में अनजान ही थे।

अपने को जानना अपने ईश्वर को ही जानना है। नया जीवन दर्शन हमें इसी बात की जानकारी कराता है। उसके बताए मार्ग पर चलकर हम अपने अन्दर की छिपी शक्तियों का ज्ञान कराकर साधारण से महामानव बनने के द्वार खोलते हैं। उसकी दी हुई आत्मदर्शन की किरण मानव के कल्याण के लिए अनुपम और प्रेरणा स्रोत है।

कहते हैं जब भगवान ने मानव की रचना की तब उसे सभी गुणों से सम्पन्न कर दिया ताकि वह संसार में सुख से जीवन का आनन्द ले सके। लेकिन जब देवदूत मानव को पूर्ण सन्तोष का वरदान देने लगा तो भगवान ने उसे रोक दिया और कहा- नहीं, यदि तुम मनुष्य को पूर्ण सन्तोष का वरदान दे दोगे तो उसके खोजपूर्ण जीवन की सारी खुशियां ही समाप्त हो जायेंगी।

आदि मानव से सभ्य मानव तक की प्रगति उसके संघर्षों और नई-नई खोज करने की कहानी है। इस प्रगति में मानव ने ऐसी शक्तियों का विकास किया है जिनकी आदि मानव कल्पना भी नहीं कर सकता था। फिर भी आज का मानव नित नई खोज करता हुआ प्रगति-पथ पर ही है, क्योंकि उसे पूर्ण सन्तोष नहीं हुआ है। उसका लक्ष्य महान है और वह सदा आगे बढ़ता जाता है। ईश्वर द्वारा पूर्ण सन्तोष का वरदान देने से देवदूत को मना करना कितना सार्थक सिद्ध हुआ है।

महत्त्वपूर्ण यह नहीं है, जो आज आप कर रहे हैं बल्कि महत्त्व उसका है जिसे आप भविष्य में करने जा रहे हैं। सम्भव है किन्हीं बाधाओं की वजह से आपका विकास पूरी तरह न हो पाया हो, अन्दर की उसी शक्ति को जगाने की आवश्यकता है जिससे आप अभी तक अनजान हैं। आपके हृदय में जो शक्तिशाली महामानव छिपा हुआ है उसी को प्रकट करना है-तभी आप अपने लक्ष्य को पाने में समर्थ बन सकेंगे।

आपको सहज ही इस बात पर विश्वास नहीं होगा कि आप स्वयं से अनजान हैं। संसार में अनेक लोग ऐसे हैं जिन्हें अपनी शक्तियों का पता नहीं है। वे नहीं जानते कि उनके अन्दर एक महामानव छिपा हुआ है। जिस प्रकार बट वृक्ष के उस छोटे-से बीज को ज्ञात नहीं होता कि उसके अन्दर एक भीमकाय-विशाल बट वृक्ष विद्यमान है। जो अनुकूल परिस्थिति में इतना घना और विशाल बना है। इसके विपरीत जब हम किसी बौने बट वृक्ष को देखते हैं तो यह समझ जाते हैं कि उसके छोटे रह जाने का कारण उसकी अनुकूल परिस्थितियों का न होना ही है जिस कारण यह वृक्ष अपना पूरा विकास नहीं कर सका।

संसार में जन्म लेने वाले प्रत्येक बच्चे की यही कहानी है। प्रत्येक बालक में महान व्यक्ति बनने के सभी गुण बीज रूप में उसके अन्दर विद्यमान रहते हैं। आवश्यकता है अनुकूल परिस्थिति की जिसके द्वारा वह महान रूप को प्रकट कर सके। प्रकृति ने बीज में पूर्ण विकसित और विशाल बनने के गुणों को उसके अन्दर छिपाया हुआ है और उसे अपना विकास करने के लिए संघर्ष करने को प्रेरित करती है, क्योंकि वह उसे पूर्ण विकसित देखना चाहती है। उसी प्रकार मनुष्य के भीतर भी पूर्ण शक्तिशाली मानव विद्यमान रहता है जिसकी शक्तियां उसके अन्दर ही सुप्तावस्था में हैं। प्रकृति उसे पूर्ण मानव के रूप में देखना चाहती है।

जिस तरह विशाल बट वृक्ष कहीं-कहीं दिखाई देते हैं वैसे ही महात्मा गांधी और अब्राहम लिंकन जैसे पूर्ण विकसित मानव भी थोड़े ही होते हैं। अन्य लोग तो उनके समक्ष बौने ही कहे जा सकते हैं। फिर भी समय आयेगा जब संसार का औसत मनुष्य आज के मनुष्य से अधिक विकसित और महान होगा, ऐसा मेरा विश्वास है।

प्रो. विलियम जेम्स का कहना है कि हममें से प्रत्येक के पास वह अद्भुत शक्ति है जिसकी हम कल्पना भी नहीं करते। यदि हम अपने हृदय का ऐसा एक्स-रे कराएं जिसमें भीतर की छिपी शक्तियों का पता लग सके तो अपनी महान शक्तियों को देखकर हम आश्चर्यचकित रह गए। अन्दर की छिपी उन अद्भुत शक्तियों को देखकर मनुष्य यही कहेगा कि ये असाधारण विशेषताएं तो किसी दूसरे व्यक्ति की हैं जो सफलता के उच्च शिखर पर पहुंच चुका है। मेरे जैसे साधारण मनुष्य की, जो जीवन में असफल व्यक्ति हो, ये विशेषताएं नहीं हो सकतीं। स्वयं से अनभिज्ञ होने के कारण ही वह ऐसा कहने पर विवश होगा। जबकि वह एक्स-रे उसका अपना ही है।

न्यूयार्क की एक महिला सफल शिक्षक सिद्ध हुई। यद्यपि उसका पालन-पोषण सम्पन्न घराने में हुआ था तथापि उसकी अन्तःप्रेरणा शिक्षक जीवन के लिए उसे प्रेरित करती थी। वह बरबस शिक्षा के क्षेत्र की ओर खिंच गई। इस शिक्षण कार्य में न केवल उसने अपना ही विकास किया बल्कि दूसरी और महिलाओं को भी आत्मविश्वास जगाने में योगदान दिया। इस महिला-प्रिंसिपल ने अपने अनुभव बताते हुए लिखा है- जब मुझे यह अनुभव हुआ कि इस संसार को मेरी भी आवश्यकता है तो मुझे एकदम लगा कि मेरे अन्दर भी एक और व्यक्तित्व है जो मेरे इस बाहरी व्यक्तित्व से अधिक महान है जिसकी संसार को आवश्यकता है। तब से यह स्कूल ही मेरा सब कुछ नहीं रहा, मुझे आभास हो गया कि यह सारा संसार ही स्कूल की भांति मेरा कार्य क्षेत्र है जो विशाल और अनन्त है।

लोगों को उनके अन्दर छिपी हुई शक्तियों और महानताओं की जानकारी नहीं होती और न ही उन्हें जानने की वे चेष्टा ही करते हैं। इसलिए उनको उनकी छिपी हुई प्रतिभा की जानकारी कराना बड़ा कठिन कार्य है। बहुत कम लोग ही उसे जान पाते हैं। जिन्होंने उस अदृश्य शक्ति को पहचान लिया है वे कठिन से कठिन कार्य को भी बड़ी सुगमता और सूझबूझ से पूर्ण कर महानता को प्राप्त कर लेते हैं। भारतीय पौराणिक कथा के अनुसार-

इस बात का निर्णय करने के लिए कि कौन सबसे पहले सम्पूर्ण पृथ्वी का चक्कर लगा सकता है, सभी देवताओं में इसके लिए होड़ लगी। इसका निश्चय करने के लिए सभी देवतागण अपने-अपने वाहनों पर सवार होकर चल पड़े। दूसरे सभी देवताओं के वाहन रथ, घोड़ा, हाथी, सिंह आदि तो वायु वेग से तेज दौड़ने वाले थे किन्तु गणेशजी का वाहन था चूहा। सभी देवतागण समझ रहे थे

कि गणेशजी तो सबसे पीछे ही रह जायेंगे, क्योंकि चूहा भला कितनी तेज चाल से भाग सकता है? वे सभी गणेशजी की हंसी भी उड़ा रहे थे। दौड़ आरम्भ हो गई। सभी देवता अपने-अपने वाहनों को तेज दौड़ाते हुए निश्चित स्थान पर, पृथ्वी का चक्कर पूरा कर वापस आने लगे। पूर्वानुमान के अनुसार गणेशजी भी सबसे अन्त में वापस लौटे। लेकिन यह क्या? निर्णायक ने सबसे बाद में लौटने वाले गणेशजी को विजयी घोषित किया। सभी देवताओं को इससे बड़ा आश्चर्य हुआ और कारण जानने की जिज्ञासा भी। निर्णायक ने उनकी जिज्ञासा शान्त करने के लिए बताया कि- गणेशजी की विजय का रहस्य इस बात में है कि उन्होंने पृथ्वी के साथ-साथ अपने चारों ओर भी एक चक्कर लगाया है, आप सब तो जल्दी वापस आने की उत्सुकता में केवल पृथ्वी का ही चक्कर लगाकर आ गए और अपने आपको भूल गए। परन्तु गणेशजी ने इस रहस्य को समझा कि जब तक मनुष्य को अपने आपका ज्ञान न हो, संसार का ज्ञान अधूरा ही रह जायेगा। कितना सही था उस निर्णायक का फैसला। सचमुच ही अपने आपको जाने बिना हम विश्व को नहीं जान सकते। अपने को पहचानो शब्द का यही महत्त्व है।

इमर्सन ने आत्मविश्वास विषय पर एक लेख लिखा है जिसमें उसने बताया है कि हम स्वयं अपनी सफलता की सीमाएं बनाते हैं। एक उदाहरण के माध्यम से उसने बताया है कि-कोई शराबी नशे के कारण अधमरी हालत में नाली में से उठकर एक ड्यूक के घर चला गया। वहां उसे नहलाकर साफ-सुथरे कपड़े पहना दिए गए और ड्यूक के बिस्तर पर ही सुला दिया गया। उसके जागने पर सभी ने उससे इस तरह का व्यवहार किया मानो वह ड्यूक ही हो और सचमुच उसे भी इस बात का विश्वास हो गया कि वह ड्यूक ही है। मनुष्य भी उस शराबी की तरह अपने मूल रूप को भुलाकर भटकता रहता है। अचानक किसी घटना विशेष से जब वह अपने आपको जान लेता है तो फिर उसका जीवन एक ड्यूक की भांति उन्नत हो जाता है।

वह क्षण जीवन का सबसे मूल्यवान क्षण होता है जब मनुष्य को उसकी महानता का ज्ञान हो जाता है। जीवन में आया वही अवसर या घटना उसे अपनी विशेषताओं की झलक दिखाता है, ऐसे ही अवसर उसकी सोई हुई शक्ति और ईश्वरत्व जगा देते हैं।

संसार रंगमंच की तरह है जिस पर जीवन का नाटक खेला जा रहा है। बहुत-से मनुष्य यह नहीं समझ पाते कि इस नाटक में हमें अपनी भूमिका कितने महत्त्वपूर्ण ढंग से निभानी चाहिए। उन्हें नहीं मालूम कि जीवन के इस नाटक में उन्हें एक महत्त्वपूर्ण भूमिका निभानी है। जीवन के विशाल रेगिस्तान को कहीं-कहीं कुछ मेहनती लोगों ने हरा-भरा बनाया है। शेष सब बेकार बंजर पड़ा है। आज के अधिकांश नौजवानों को अपने बारे में अपनी जीवन की योजनाओं के बारे में ज्ञान नहीं है कि उन्हें क्या करना है; उनकी शक्तियां क्या हैं। विडम्बना तो यह है कि हमारे विद्यालय भी उन्हें समझाने में मदद नहीं करते।

कुछ लोग अधूरे विश्वास के साथ काम करते हैं और किसी कठिनाई के आ जाने पर हताश हो जाते हैं। अधूरे विश्वास के साथ काम भी अधूरा ही रह जाता है। ऐसे लोग दलील यह देते हैं कि-यदि उन्हें मालूम होता कि वे सफल हो सकते हैं तो चाहे कितनी ही रुकावटें आ जातीं अथवा कितना ही समय लग जाता तो वे भी रूजबेल्ट या मार्शल की तरह सफलता पा लेते। लेकिन मैं ऐसी दलील देने वाले लोगों से पूछता हूं कि इसका उन्हें कैसे पता चल सकता है जब तक वे अपने अन्दर के सोये हुए विश्वास और शक्तियों के बारे में न जान लें। आपकी योग्यता तो आपके अन्दर ही मौजूद हैं। यदि आपने उन शक्तियों को आजमाया ही नहीं है तो उनके बारे में आप निश्चय ही क्या कर सकते हैं। हो सकता है जिसकी सफलता की मिसाल आप दूसरों को देते हैं आपके अन्दर ही मौजूद हो। तब दूसरों की योग्यता देखने में समय बर्बाद करने में तो अपना ही अमूल्य समय नष्ट होता है। अपने अन्दर की छिपी शक्तियों को, योग्यताओं को क्यों नहीं बाहर प्रकाश में लाते। सम्भव है जिनकी आप सफलता की बात करते हैं उनसे भी अधिक महान बनने की सभी योग्यताएं आपमें विद्यमान हों। अभी तक आपने अपने को पहचाना ही कहां है।

जीवन में असाधारण सफलता पाने वाले कुछ ऐसे भी लोग हैं। जिन्होंने अपने जीवन में घटी किसी विशेष घटना से किसी विपत्ति में फंसकर उससे निकलने के लिए पूरे मनोयोग से संघर्ष करने में अपने अन्दर की छिपी हुई शक्तियों को जान लिया है। यदि उनके जीवन में कोई घटना विशेष न घटती तो संभव था कि उन्हें अपनी महानताओं का बोध न होता। यदि किसी नौजवान लेखक की

प्रथम रचना ही प्रकाशित हो जाये तो वह एक अच्छा लेखक सिद्ध होगा, इसमें शंका है।

जब किसी वरुण लेखक की प्रथम रचना को प्रकाशक धन्यवाद के साथ वापस कर देता है और वह लेखक अपने प्रयास को जारी रखता है तो निश्चय ही वह एक महान लेखक सिद्ध होता है, क्योंकि तब वह अपने पूरे विश्वास और संघर्ष से लेखन कार्य को करता है। कई बार जब मनुष्य को इस बात का विश्वास हो जाता है कि कोई बाहरी शक्ति उसकी सहायता को नहीं आयेगी तब उसे स्वयं ही संघर्ष करना है। ऐसी स्थिति में आदमी के अन्दर एक बड़ा आत्मविश्वास जाग्रत होता है और उसकी सोई हुई शक्तियां जाग्रत हो जाती हैं। लेकिन ऐसा तभी होता है जब उसके जीवन में जबरदस्त तूफान उद्वेलित हुआ हो। सच तो यह है कि निराशा के काले बादलों के पार उसे उसकी आशा ही प्रकाशित करती है और असफलता-सफलता में बदल जाती है।

कुछ पौधे ऐसे होते हैं जब तक उनकी पत्तियों को अच्छी तरह मसला न जाये, सुगन्धि नहीं देते। उसी प्रकार कई लोग भी होते हैं जिनके जीवन में जब तक कोई भयानक तूफान नहीं आता तब तक उन्हें अपनी शक्तियों का पता नहीं चलता, आधे से अधिक जीवन वे यों ही व्यतीत कर देते हैं। जब उनके जीवन में अचानक कोई विपत्ति का तूफान आ जाता है तब उनकी शक्तियों के द्वार खुल जाते हैं जिसकी उन्हें पहले से कोई जानकारी नहीं होती।

कोई नहीं जानता था कि जीवन के कई मोड़ों पर असफल रहने वाला अलीसस ग्रांट एक असाधारण सेनापति भी हो सकता है। 'वेस्ट पॉइंट' में बी. ए. तक शिक्षा प्राप्त वह एक साधारण युवक ही था और जीवन के चालीस वर्षों तक ग्रांट को उसके परिवार के सदस्यों के अलावा कोई नहीं जानता था। बत्तीस वर्ष की आयु में उसे अपनी अयोग्यता के कारण ही नौकरी से हाथ धोना पड़ा। उसके बाद वह कस्टम हाउस में काम करने लगा। वहां से निकाले जाने के बाद वह स्टोरकीपर और फिर टर्नर बना पर उसे कहीं भी सफलता नहीं मिली। उन्हीं दिनों अमेरिका में गृहयुद्ध अपनी चरम सीमा पर जा पहुंचा था। ग्रांट के भीतर का महान सेनापति जाग उठा और उसने असाधारण सफलता प्राप्त कर सारे विश्व को चकित कर दिया। किसी ने कल्पना भी नहीं की थी कि एक साधारण सैनिक के भीतर एक असाधारण सेनापति छिपा हुआ है। स्वयं ग्रांट को भी इसकी कल्पना नहीं रही होगी कि वह इतनी शक्तियों का स्वामी है। जीवन के उन्तालीस

वर्षों तक ग्रांट की कल्पना भी नहीं थी कि वह अमेरिकी गृहयुद्ध का महान सेनापति बनेगा। अमेरिका के गृहयुद्ध ने न केवल अब्राहम लिंकन जैसा महान् राष्ट्रपति दिया, बल्कि अलीसस ग्रांट जैसा असाधारण सेनापति भी।

जीवन में असाधारण सफलता पाने वाले लोग किसी विशेष घटना, विपत्ति अथवा किसी प्रेरणादायिका पुस्तक से प्रेरणा प्राप्त कर ऐसा कर दिखाते हैं जिसकी कल्पना स्वयं उन्हें नहीं होती। ऐसे सफल व्यक्तियों की सफलता के अनुभव आज के नवयुवकों में नई चेतना का संचार कर महत्त्वपूर्ण मार्गदर्शक का कार्य करते हैं। ऐसा व्यक्ति जो इस तरह प्रेरणादायक संस्मरण लिपिबद्ध कर पुस्तक लिखने का कार्य करता है वह मानव-मात्र के लिए बहुत बड़ा उपकार करता है।

फ्रैंक क्रैन का कहना है- गुरु वे ही महान होते हैं जो ऐसे मार्गदर्शन देते हैं कि मनुष्य स्वयं अपने आपको पहचान सके।

हमारे व्यक्तित्व का सही विकास तभी सम्भव है जब हम बाहरी सहायता के बिना सफलता प्राप्त करते हैं। कुछ लोग बाहरी सहायता से सफलता तो पा लेते हैं, लेकिन बाहरी मदद मिलना बन्द हो जाने की हालत में असहाय हो जाते हैं और अपनी असफलता के लिए किसी अन्य को दोषी ठहराने की कोशिश करते हैं। उनकी सदा यही शिकायत रहती है कि उन्हें सफलता की राह में कोई सहायता देने वाला नहीं मिला। काश! वे यह जान पाते कि मनुष्य का सच्चा साथी उसकी योग्यता, साहस और उसके अन्दर की शक्तियां हैं जो हमेशा हर स्थिति में संघर्ष करने में उसका साथ देती हैं। जब हम स्वयं कठिनाइयों और संकटों से जूझते हुए सफलता हासिल करते हैं तभी सही मायने में हमारे व्यक्तित्व का विकास होता है।

एक बार किसी महिला ने अपने पति को रोटी के स्वादिष्ट न होने का कारण बताते हुए कहा- इस रोटी में अच्छी रोटी के तमाम गुण मौजूद हैं तो भी इसके खाने में इसलिए स्वाद नहीं आता, क्योंकि इसको पकाते समय यह फूल नहीं सकी।

प्रत्येक व्यक्ति में कोई स्वाभाविक गुण विद्यमान रहता है जिसे उचित अवसर न मिलने के कारण वह प्रकट नहीं कर पाता। कल्पना करो-यदि किसी युवक के हृदय की गहराइयों में संगीत के प्रति गहरा लगाव है और वह शहर से दूर किसी

गांव में खेती करने का काम करता है जहां उसे न तो किसी संगीत सभा में जाने का अवसर मिलता है और न किसी संगीतकार का सम्पर्क। अचानक उसे शहर जाना पड़े और वह ऐसी किसी संगीत सभा में जाता है या सिनेमा में संगीत का आनन्द लेता है तब उसके अन्दर का संगीत-प्रेमी जाग उठता है। उसके हृदय में एक अपूर्व उल्लास भर जाता है और उसमें एक नया युवक जन्म लेता है। अपने स्वभाव के अनुकूल अवसर के मिलते ही उसका जीवन लक्ष्य ही संगीत हो जाता है। हमेशा ऐसे अवसर की तलाश में रहना चाहिए जो आपके स्वाभाविक गुणों को प्रकाश में ला सके।

उन तमाम युवकों पर यही बात लागू होती है जिनमें सभी गुण विद्यमान हैं। उनमें शक्ति भी है और योग्यता भी है, अगर कमी है तो बस 'रोटी के फुलाव की।' अपने आदर्शों को आकाश की ऊंचाइयों तक ऊंचा उठाने के लिए उत्साह और महत्त्वाकांक्षा का अभाव है। जिसकी कमी के कारण वे अपनी शक्तियों का विकास नहीं कर पाते।

अपने बाप-दादा की सम्पत्ति के विरासत में मिल जाने से कोई व्यक्ति वैभव सम्पन्न नहीं हो जाता, बल्कि वैभव सम्पन्न बनने के लिए उसे अपने अन्दर के अपार खजाने को ढूंढना होगा। तभी वह सुखी और सफल बन सकेगा। इसके लिए उसे प्रयत्न करना होगा, क्योंकि ऐसा वैभव कभी विरासत में नहीं मिलता।

कौन कह सकता है कि आपके अन्दर एक महान कलाकार या लेखक बनने की प्रतिभा न हो, न जाने कितना महान संगीतकार आपके अन्तर में छिपा हुआ हो। साहस, नेतृत्व, प्रेम, सहानुभूति और न जाने कितने अनमोल गुण आपमें विद्यमान हों। कौन कह सकता है-आपके सागर के समान अन्तर में योग्यताओं की अनगिनत खाने छिपी पड़ी हों जिन्हें आप जानते भी नहीं हैं।

अमेरिका के सुप्रीम कोर्ट के उच्च न्यायाधीश के पद पर पहुंचने वाले सुप्रसिद्ध न्यायाधीश स्वर्गीय मिलर को अपने भविष्य का ज्ञान नहीं था, क्योंकि जीवन के सैंतीस वर्ष की आयु तक वे कानून का एक अक्षर भी नहीं जानते थे। लेकिन अगले दस वर्षों में किसी अलौकिक शक्ति से इतने बड़े पद जा पहुंचे।

जो व्यक्ति अपने जीवन का पूरी तरह विकास करना चाहते हैं वे सदा प्रगति के रास्ते पर आगे बढ़ते जाते हैं, वे कभी रास्ते में रुकते नहीं हैं। अपने लक्ष्य तक पहुंचने के लिए वे गतिशील रहते हैं। अगर वे रास्ते में रुकते भी हैं तो थोड़े

समय के लिए, व्यर्थ के बोझ को उतार फेंकने के लिए और पुनः अपने लक्ष्य को प्राप्त करने के लिए और भी तीव्रगति से आगे बढ़ते हैं। इसी तरह प्रयासरत रहकर वे अपनी मंजिल तक जा पहुंचते हैं।

अपनी सोई हुई शक्तियों को यदि आप जगाना चाहते हैं, आप अपने अन्तर की महानता को जानने के इच्छुक हैं तो आपको सदा प्रगति पथ पर अग्रसर रहना होगा। सदा नये-नये ज्ञान से अपने मस्तिष्क को विकसित करना होगा। स्वार्थ की भावना को त्याग कर प्रेम और सहिष्णुता को अपनाकर आत्मा की शक्तियों को उन्नत करना होगा।

जीवन का पूर्ण विकास करने के लिए प्रेरित करने वाली शक्ति एक किताब से बढ़कर और कुछ नहीं है। आत्मविश्वास के लिए ऐसी उत्साहवर्धन पुस्तक को सदा अपने पास रखना चाहिए। लगातार प्रेरणा न मिलने पर आदर्श धुंधले पड़ने लगते हैं, इसलिए यह आवश्यक है कि अपनी महानताओं को जानने के लिए ऐसी प्रेरणादायक पुस्तक को अपने पास रखें।

जीवन को सफल बनाने के लिए जैसे-जैसे मनुष्य स्वयं अपने आपको पहचानता जाता है वैसे ही वैसे विकास करता जाता है। जितना अधिक हम अपनी योग्यता का इस्तेमाल करते हैं, उतनी ही अधिक हमारी शक्तियों का विकास होता है। अपनी प्रगति के लिए यह आवश्यक है कि हम स्वयं को पहचानें।

किसी ने ठीक ही कहा है कि- मनुष्य नहीं चला करते, अपितु विश्वास चला करते हैं।

संसार में अगर कोई प्रबल प्रेरणा-शक्ति है, जो किसी व्यक्ति से महान कार्य करवा लेती है तो वह है-आत्मविश्वास। मनुष्य की अपनी शक्तियां और सामर्थ्य तो केवल साधन मात्र हैं। सच्ची शक्ति तो विश्वास से ही आती है जिसके बल पर मनुष्य असंभव को भी संभव कर दिखाता है। कई बार तो ऐसा होता है कि शक्तियां और साधन होते हुए भी मनुष्य उनका लाभ उठाने से वंचित रह जाता है, क्योंकि उनमें आत्मविश्वास नहीं होता। किसी भी कार्य की सफलता कर्ता के आत्मविश्वास पर निर्भर करती है।

एडमंड कैपुर बोइस, विश्व-युद्ध के वीर योद्धाओं के विषय में लिखते हैं- जिन युवकों को हमने बिल्कुल साधारण समझा था, युद्ध में उनकी असाधारण वीरता

की कहानियां सुनकर सचमुच हमें बड़ा आश्चर्य होता है। एक ऐसे लड़के का उदाहरण देते हुए वे लिखते हैं कि एक लड़का जो न तो कक्षा में उपस्थित रहता था और न पढ़ने-लिखने में योग्य था। परीक्षा में भी वह बहुत कम पास हुआ करता था, वह बड़ा ढीला-ढाला और अयोग्य विद्यार्थी था। उसने सेना में भर्ती होने का प्रयास किया, किन्तु डाक्टरी जांच में वह फेल हो गया। उसने कई बार प्रयास किये, किन्तु सेना में भर्ती होने में असफल रहा। कुछ दिनों बाद वह सेना में भर्ती होने में सफल हो गया। यह खबर जब हमने सुनी तो इस बात से हमने यह सोचा कि कुछ ही दिनों में वह बेचारा अपने शरीर का कोई अंग खोकर अपने घर लौट जायेगा। परन्तु जब हमने सुना कि युद्ध के भयंकर मोर्चे पर उसने अदम्य साहस और सूझबूझ का परिचय दिया है तो हमारे आश्चर्य का ठिकाना नहीं रहा। युद्ध के मोर्चे पर गोलियों की बौछार में उसने एक सैनिक की जान बचाई और जलते हुए बम को उठाकर खाई से बाहर फेंक दिया। निकम्मा और ढीला-ढाला समझा जाने वाला वह वही युवक था जो कई बार सेना में भर्ती होने के अयोग्य ठहरा दिया गया था।

हमें जीवन में अनेक ऐसे युवक मिलते हैं जो साधारण होते हुए भी असाधारण सफलता प्राप्त कर आश्चर्यचकित कर देते हैं। योग्यता में कम होते हुए भी वे आत्मविश्वास में दूसरों की अपेक्षा कहीं बढ़कर होते हैं। उनकी साधारण सफलता का यही रहस्य है।

असंभव को संभव कर दिखाने वाली शक्ति-विश्वास ही है। कितने दुर्भाग्य की बात है कि हम अपना मूल्य विजय से नहीं पराजय से आंकते हैं। हम विजय को कोरा स्वप्न ही मान लेते हैं, वास्तविक जीवन का अंग नहीं समझते। हम अपनी शक्ति की अपनी कमजोरी से तुलना करते हैं। जबकि ईश्वर ने मनुष्य को भय या निराशा का अभिशाप नहीं दिया बल्कि शक्ति, साहस, प्रेम और स्वास्थ्य का वरदान दिया है। यदि मनुष्य इस वरदान को ठीक से समझ पाता तो आज सम्पूर्ण विश्व में विश्वास का साम्राज्य होता। आत्मविश्वास के द्वार खोलकर ईश्वर-विश्वास मनुष्य को 'ईश्वर' बना देता है।

युद्धभूमि में विजय पाने के लिए जूझ रहे एक वीर योद्धा के शब्द, जीवन-युद्ध में लड़ने वाले मनुष्य को कितने महत्त्वपूर्ण और प्रेरणा से भरे हुए हैं- युद्ध में बंदूक नहीं बल्कि उसको पकड़ने वाला सैनिक लड़ता है-उस सैनिक का शरीर

नहीं बल्कि उसका हृदय लड़ता है-उसका हृदय भी नहीं अपितु उसमें भरा हुआ आत्मविश्वास ही लड़ता है।

किसी भी विजेता के विजयी होने का रहस्य उसके आत्मविश्वास के बल पर निर्भर करता है। विश्वास ही विजय की कुंजी है। यदि विश्वास नहीं हो तो विजय भी नहीं। विश्व का अछूत चमत्कार-विश्वास ही है। किसी भी विजेता को देखो, उसकी विजय का रहस्य उसके विजयी होने के अटूट विश्वास में था। हम नहीं जानते कि स्वयं पर विश्वास रखकर हम अजेय हो जाते हैं, फिर संसार मैं हमारे लिए कुछ भी असम्भव नहीं रह जाता। हमारी असफलता का और निराशा का अगर कोई कारण है तो वह है सिर्फ हमारे अन्दर आत्मविश्वास की कमी। यदि विश्वास होगा तो विजय स्वयं आकर पांव चूमेगी।

जब भारी अस्त्र-शस्त्रों से लैस 'गठ' का पराक्रमी वीर गीलिथ इजरायली कैम्प में आकर युद्ध की चुनौती देने लगा तब उस चुनौती को सुनकर इजराइल के लोग इतने भयभीत हो गए कि उससे लड़ने की किसी में हिम्मत नहीं रही। किसी को आगे बढ़ते न देखकर गीलिथ ने पुनः ललकारा तो डेविड नाम का एक साधारण युवक उससे युद्ध करने के लिए तैयार हो गया। जब वह बड़े-बूढ़ों से अनुमति लेकर आगे बढ़ा तो उन्होंने डेविड को अनेक शस्त्र देने चाहे, किन्तु उसने यह कहते हुए शस्त्र लेने से इंकार कर दिया- ये शस्त्र मेरे लिए बेकार हैं, क्योंकि इन्हें चलाने का मुझे अभ्यास नहीं है। मैं अपने ही शस्त्रों से लड़ूंगा। एक कमान और रास्ते से केवल कुछ पत्थर उठाकर अपने साथ लेकर वह युवक उस योद्धा से लड़ने के लिए आगे बढ़ा।

उस निहत्थे युवक को आगे बढ़ते हुए देखकर भारी अस्त्र-शस्त्रों से सुसज्जित फिलीस्तीन का वह दैत्यवीर जोर से गरज उठा- मेरे सामने तो आओ ताकि मैं तुम्हारी बोटी-बोटी आकाश के पक्षियों को खिला दूं।

निडर होकर उस युवक ने जवाब दिया- तुम ढाल और तलवार लेकर मेरे सामने आये हो, पर मैं अपने साथ एक अजेय शस्त्र लेकर आया हूं। और वह है-विजेताओं के विजेता इजराइल-ईश्वर का अजेय विश्वास, जिसके बल पर मैं तुम्हें पछाड़ दूंगा।

आत्मविश्वास से भरे हुए युवक ने सचमुच आश्चर्य कर दिखाया। डेविड ने एक ही पत्थर उस दैत्य के माथे पर मारकर उसे यमलोक पहुंचा दिया। डेविड ने

अपने शत्रु की भांति बाहरी अस्त्र-शस्त्रों पर भरोसा नहीं किया, बल्कि उसने ईश्वर की शक्ति और आत्मविश्वास पर भरोसा किया और उसी आत्मबल से उसने उसे भीमकाय योद्धा को पराजित कर सफलता प्राप्त की।

सन्देह और अविश्वास से डांवांडोल हृदय जीवन में सफलता के लक्ष्य को प्राप्त करने में असमर्थ रह जाता है। जीवन का अमूल्य सिद्धान्त है कि यदि आप अपनी सफलता पर सन्देह करने लगेंगे तो कभी पूर्ण सफलता नहीं प्राप्त कर सकेंगे। यह ठीक इस प्रकार है जैसे आकाश की ओर पत्थर फेंकने पर वह आकाश की बजाय जमीन पर ही आ गिरता है। आत्मविश्वास के अभाव में भगवान भी आपकी मदद नहीं कर सकता। सफलता प्राप्त करने के लिए उस पर भरोसा करना आवश्यक है।

एक बार युद्ध के दिनों में हर आदमी को राज्य की ओर से एक-एक बन्दूक दे दी गई। एक व्यक्ति हाथ में बंदूक लेकर अपने घर की छत पर जा बैठा। तभी उस मकान के नीचे एक शत्रु सैनिक आ गया। उसके हाथ में लाठी थी। शत्रु सैनिक ने छत पर बैठे उस बन्दूकधारी को ललकार कर कहा- बन्दूक तुरंत नीचे फेंक दो, वरना मैं तुम्हें अपनी इस लाठी से मार डालूंगा। उसकी इस धौंस से बन्दूकधारी घबरा गया और डर की वजह से उसके हाथ से बन्दूक छूटकर नीचे गिर पड़ी। नीचे खड़े व्यक्ति ने बन्दूक उठाकर पहला निशाना उसी ऊपर छत पर बैठे आदमी को बनाया।

ऊपर छत पर बैठे बन्दूकधारी व्यक्ति के पास हथियार तो था, लेकिन उसमें आत्मविश्वास की कमी होने के कारण वह उसके लिए बेकार ही साबित नहीं हुई बल्कि उसी बन्दूक से निकली गोली उसकी मौत का कारण भी बनी। यदि उसमें आत्मविश्वास होता तो नीचे खड़े व्यक्ति के पास तो मात्र लाठी ही थी।

भारत के इतिहास में पानीपत का तीसरा युद्ध अपनी भयंकरता के लिए प्रसिद्ध है। एक छोटे-से राज्य कुन्दनपुर का राजा परेल अपने शत्रु नवाब से युद्ध में हार गया। खून से लथपथ अवस्था में वह युद्धभूमि में गिर पड़ा उसकी मरणासन्न अवस्था थी। तभी विजय के मद में चूर नवाब हाथी पर सवार वहां आ पहुंचा और बोला- क्यों परेल, और भी लड़ोगे? अभिमानी नवाब ने हाथी से उतरकर मूर्च्छित पड़े परेल के सिर में अपने पैरों की ठोकर मारी। परेल के मरणासन्न शरीर पर अचानक स्वाभिमान की ज्वाला भड़क उठी। अंगारे बरसाती हुई आंखें

खोलकर उसने जवाब दिया- हां नवाब, जिन्दा रहे तो और भी लड़ेंगे। इतना कहने के बाद सदा के लिए अपनी आंखें बन्द कर लीं।

परेल के कहे हुए इस अन्तिम वाक्य ने समूचे महाराष्ट्र में आग का काम किया। उसके इस एक वाक्य ने लाखों, करोड़ों लोगों में सोये हुए आत्मविश्वास को जगा दिया। नवाब की एक ठोकर ने अनेक सिंहों को ललकारा था और यह ललकार इतनी भयंकर साबित हुई कि महाराष्ट्र के युवक प्राणों को न्योछावर करने के लिए निकल पड़े। पानीपत का तीसरा युद्ध इसी आत्मविश्वास का प्रमाण है। उस युद्ध की आग इतनी ज्यादा भड़की कि ऐसा कोई घर न बचा जिसने इस महायज्ञ में अपनी आहुति न दी हो। आज भी वहां लोकगीतों में- घर-घर में चूड़ी टूटी थी। गाया जाता है।

आत्मविश्वास से कहे हुए शब्द हजारों-लाखों लोगों के हृदयों में झंकार उत्पन्न कर देते हैं, लोगों के अन्दर अछूत साहस जगा देते हैं और लोग भयंकर-से-भयंकर विपत्ति का सामना करने के लिए तैयार हो जाते हैं। यह उदाहरण इस बात का प्रमाण है कि आत्मविश्वास को जगाकर हम अपने उत्साह को कई गुना बढ़ा सकते हैं।

मुझे एक युवती ने अपनी असफलता के कारण पत्र भेजा है। उसने लिखा है- मैंने जीवन में हमेशा गलतियां ही की हैं। मुझे कभी भी अपने पर विश्वास नहीं होता। ऐसा प्रतीत होता है, मुझे भविष्य में भी विश्वास नहीं होगा। मुझे हर काम में असफलता ही मिलती रही है।

इस युवती के पत्र से ही स्पष्ट है कि असफलता के लिए इसका अपना सन्देहशील मन ही इसका मूल कारण है। जिन लोगों में आत्मविश्वास की कमी होती है अथवा सफलता के लिए मन में सन्देह होता है, वे कभी सफल नहीं हो सकते। सफलता पहले मन में आती है जब अपना मन ही सफलता में सन्देह से भरा हो तब उन्हें सफलता कैसे प्राप्त हो सकती है।

इतिहास साक्षी है कि नेपोलियन या बेब्सटर की योग्यता व्यर्थ ही साबित होती यदि उन्हें अपनी योग्यता और सफलता पर अटूट विश्वास न होता। अनेक लोग आत्मविश्वास की कमी के कारण ही जीवन की खुशियों से वंचित रह जाते हैं। केवल दो प्रतिशत लोग ही संसार में ऐसे होंगे जो यथार्थ में अपनी शक्तियों की महानता पर विश्वास करते हों।

जेन एडम्स ने जब कॉलेज छोड़ा था तब वह बहुत ही दुर्बल हो गयी थी। उसके कमजोर शरीर को देखकर डाक्टरों ने कहा था कि यह छः महीने से ज्यादा दिन तक जीवित नहीं रह सकेगी। जेन एडम्स ने उत्तर दिया- बहुत अच्छा! इन छः महीनों में ही उस कार्य को पूरा कर लूंगी, जिसे मैं अवश्य करना चाहती हूं।

डाक्टरों के कहने के बावजूद जेन अनेक वर्षों तक जीवित ही नहीं रही, बल्कि मानव कल्याण के लिए 'हल हाउस' का निर्माण भी कर सकी। क्या किसी को इस बात में सन्देह हो सकता है कि अधिक समय तक न केवल जीवित रहना बल्कि मानवता का कल्याण कर सकने में उसके दृढ़ आत्मविश्वास का परिणाम नहीं था? हमें अपनी विजय पर अटूट विश्वास होना चाहिए और अपनी शक्तियों पर अटल भरोसा। तभी हम अपने कार्य में, जीवन में सफल हो सकते हैं।

यदि आप सर्वशक्तिमान ईश्वर पर भरोसा नहीं रखते तो आप वह नहीं बन सकते जो आप बनना चाहते हैं। विश्वास की कमी के कारण आप द्वारा किये जा रहे सभी प्रयत्न व्यर्थ साबित हो जायेंगे और जीवन अविश्वास के कारण ही निराशा में डूब जायेगा। अविश्वास और सन्देह घातक सिद्ध होते हैं। अविश्वास के कारण आपकी सभी प्रार्थनाएं शून्य में भूलकर लौट आयेंगी।

दृढ़ आत्मविश्वासी व्यक्ति ही जीवन में महान कार्य करने में सफल होते हैं; किन्तु जो व्यक्ति अपनी शक्तियों पर सन्देह करते हैं वे कभी सफल नहीं होते। वे संसार में आज तक कुछ न कर सके हैं और न कर सकेंगे। आत्मविश्वासी और आत्मविश्वास से हीन व्यक्ति में आकाश-पाताल का अन्तर है। एक का रास्ता सफलता की ओर है, जबकि दूसरे का पराजय की ओर।

हमारा आत्मविश्वास जैसे-जैसे बढ़ता जाता है, हमारी कार्यशक्ति भी वैसे ही वैसे निखरती जाती है। इसलिए यदि हमारे विश्वास का पात्र संकरा है तो उसमें ईश्वरीय शक्ति का प्रवाह भी उतना ही कम होगा। इसलिए अपने विश्वास को दृढ़ करना चाहिए।

मुझे एक ऐसे दुबले-पतले व्यक्ति के बारे में जानकारी है जिसे स्वयं अपने अशक्त होने का अहसास था और एक मनोवैज्ञानिक ने उसमें आत्मविश्वास भर दिया था। उस मनोवैज्ञानिक ने उस दुबले-पतले आदमी को अपने ढंग से विश्वास दिला दिया कि उसमें अपार बल है। उसने एक कुर्सी पर उसका सिर और दूसरी

कुर्सी पर पांव रखवा कर लिटा दिया, तब वही व्यक्ति अपने ऊपर सात-आठ आदमी बिठाने में समर्थ हो गया। उसमें इतना आत्मविश्वास जाग उठा था यहां तक कि उसमें इतना बल आ गया था कि एक घोड़े को भी अपने ऊपर बैठाने में समर्थ हो सका था। विचारणीय तो यह है कि उसमें इतना बल आया कहां से? उसमें इतना असाधारण बल इसलिए आ सका कि मनोवैज्ञानिक ने उसे व्यक्ति को विश्वास दिला दिया था कि वह दुर्बल नहीं है। लेकिन जिस क्षण उस मनोवैज्ञानिक ने उसे कह दिया कि वह कमजोर है, भार नहीं उठा सकता, उस व्यक्ति पर वैसा ही असर हो गया। स्वयं को अशक्त महसूस करने लगा। उसका विश्वास लुप्त हो गया। परिणाम यह हुआ कि उसकी सारी शक्ति जाती रही। तब मनोवैज्ञानिक के कहे अनुसार उसे एक व्यक्ति का भी बोझ उठाना असंभव जान पड़ा और अपने को इतना अशक्त महसूस किया कि जमीन पर लुढ़क गया। उससे अपना भार भी नहीं उठाया गया। सच तो यह था कि उसके आत्मविश्वास का जो बल था वह समाप्त हो गया था।

हमारी सफलता हमारे विश्वास में निहित है। आत्मविश्वास के बिना हम कभी भी आगे नहीं बढ़ सकते। हम प्रायः सन्देह और अपने संकुचित विचारों की सीमा में ही घिरे रहते हैं और विश्वास की सीमा में घुसने का प्रयास ही नहीं करते। जब तक हम अपने हृदय में विश्वास की ज्योति नहीं जगाते, अपनी विजय को निश्चित नहीं बना सकते।

क्या कोई मनोवैज्ञानिक किसी व्यक्ति में बाहरी शक्ति भरता है? नहीं, तब उसमें कहां से शक्ति आ जाती है? वास्तव में मनोवैज्ञानिक किसी भी व्यक्ति में उसके अन्दर के सन्देह को दूर कर आत्मविश्वास जगा देता है। इसी तरह किसी पहलवान की मांसपेशियों में असाधारण शक्ति उसके शरीर से नहीं मन से आती है, यदि वही मांसपेशियां किसी दुर्बल मन वाले व्यक्ति के शरीर में लगा दी जायें जो क्या वह उतना भार उठा सकता है जितना वह सशक्त मन वाला पहलवान उठा लेता है? शक्ति शरीर से नहीं, मन से अधिक आती है।

जैसे-जैसे हमारा आत्मविश्वास बढ़ता है वैसे ही कार्यशक्ति भी बढ़ती जाती है।

अमेरिका में गृहयुद्ध के काले बादल पूरी तरह से छा गए थे और वही समय था जब वहां राष्ट्रपति का निर्वाचन भी होने वाला था। ऐसी विकट स्थिति में देश की बागडोर संभालना एक चुनौती थी। अब्राहम लिंकन जो स्वभाव से नम्र और

निराभिमानी व्यक्ति था। देश की हालत को देखते हुए उसके मन में यह दृढ़ विश्वास हो गया कि वह देश को बचा सकता है। उसे आन्तरिक प्रेरणा हुई कि राष्ट्रपति के चुनाव में उसे उम्मीदवार होना है। अतः उसने राष्ट्रपति के लिए अपना नाम दे दिया। इतना ही नहीं उसने दूसरे राजनीतिज्ञों को बता दिया कि वह अवश्य राष्ट्रपति निर्वाचित होगा। किसी नम्र स्वभाव वाले व्यक्ति के मुंह से यह बात सुनकर कोई भी उसे अभिमानी ही कह सकता है, लेकिन अब्राहम लिंकन का हृदय साफ था। उसे अपनी योग्यता पर भरोसा था और सबसे बड़ी बात थी उसके अन्दर विजय के लिए आत्मविश्वास था। उसकी अन्तरात्मा कहती थी कि संकटकाल की इस घड़ी में वह देश को उबार सकता है। दृढ़ आत्मविश्वास के बल पर वह अमेरिका का राष्ट्रपति बना और आज भी बड़े सम्मान के साथ उसे याद किया जाता है।

संसार उनके लिए रास्ता छोड़ देता है, जो अपने रास्ते पर दृढ़ रहते हैं। इतिहास के पृष्ठों पर वे व्यक्ति अपना नाम अमर कर गए, जिन्हें अपने जीवन की महानता पर अटूट विश्वास था। अपने लक्ष्य को प्राप्त करने के लिए उन्होंने पूरे मन के साथ दृढ़ रहकर कार्य किया और अपना अलग से अनुभव संसार के समक्ष रखा। वे समझते थे कि उनका आज का स्वप्न कल अवश्य ही पूर्ण होगा। ऐसे महान पुरुषों की सफलता, उनकी अद्भुत शक्ति हमें आत्मविश्वासी होने को प्रेरित करती है।

जॉन ऑफ आर्क के मन में बचपन से ही इस बात की इच्छा बलवती हो रही थी कि अपने देश के लिए वह कोई महान कार्य करेगी। अपनी कल्पना को उसने यथार्थ में साकार कर दिखाया। जब फ्रांस की सेना पराजित हो रही थी, तब वह चार्ल्स डाफिन्स के पास गई और अपने आत्मविश्वास के बल पर उसे यह विश्वास दिलाने में सफल हो गई कि उसके नेतृत्व में फ्रांस की सेना निश्चय ही विजय प्राप्त कर लेगी। जॉन को सेनापति बना दिया गया और उसने अपनी कल्पना को साकार कर दिखाया। फ्रांस की सेना विजयी हुई।

जॉन जब छोटी-सी लड़की थी और अपने गांव में पिता की भेड़ें चराया करती थी, तब से ही उसके हृदय में यह विश्वास पनपने लगा था- मैं फ्रांस को स्वतंत्र कराऊंगी। यदि उस समय वह ग्रामीण बाला अपने पिता के सामने अपने इन उद्गारों को प्रकट कर देती तो इसमें कोई सन्देह नहीं कि उसका पिता उसे मार देने तक की धमकी न देता। अपनी इसी भावना से प्रेरित होकर, बड़ी होने पर

वह फौज में भर्ती हो गई। फौज में उसे अनेक उपेक्षाओं का सामना करना पड़ा, लेकिन कटु आलोचनाएं, गालियां और दूसरे फौजियों के अश्लील व्यंग्य उस ग्राम्यबाला का मार्ग नहीं रोक सके, उसका विश्वास और गहरा और मजबूत होता गया। जिस लड़की को कभी घर की दहलीज पार करने की, सैनिक शिक्षा प्राप्त करने की सुविधा न मिली हो और वही ग्राम्यबाला फ्रांस के सेनापति का गौरवमय पदभार संभालकर कुशलतापूर्वक सेना का संचालन करने और फ्रांस को स्वतंत्र कराने में अद्वितीय सफलता प्राप्त कर ले, तो सहज ही विश्वास नहीं होता। लेकिन इतिहास गवाह है कि उस सुरम्य ग्राम्य बालिका ने यह साहस और चुनौतियों भरा काम सफलतापूर्वक कर दिखाया। वास्तव में उसकी इस महान विजय के पीछे उसका आत्मविश्वास था। जिस पर दृढ़ रहकर वह अद्वितीय चमत्कार कर दिखाने में सफल हुई। उसका दृढ़ विश्वास था कि वह निश्चित ही फ्रांस को आजाद कराएगी और वह अपने इस आत्मविश्वास पर अडिग रही। यदि उसके मन में तनिक भी सन्देह या अविश्वास को स्थान मिल जाता, तब वह वैसी विजय हासिल न कर पाती जैसी विजय ने उसका अभिषेक किया।

आत्मविश्वास पर दृढ़ रहकर ही 'पियरे' उत्तरी ध्रुव की खोज निकालने में अभूतपूर्व सफलता प्राप्त कर सका था। कल्पना करो उस व्यक्ति की जिसके हमराही भी जब साथ छोड़ गए हों और उसका जहाज भी टूट गया हो, जिसे अनेक बार जीवन और मौत से संघर्ष करना पड़ा हो, किस तरह अपनी इच्छित मंजिल को पा सका। साधनविहीन होने की दशा में भी उसका सम्बल था-आत्मविश्वास। जिसने न तो उसका साथ छोड़ा और न ही उसे अपने लक्ष्य से हटने दिया। उसके जीवन का लक्ष्य एकमात्र 'उत्तरी ध्रुव की ओर' ही था और उसकी शक्ति थी अन्तःकरण की प्रेरणा और सम्बल था आत्मविश्वास। हर बाधा से संघर्ष करते हुए अन्त में उसने उत्तरी ध्रुव को खोज ही लिया।

असंभव को संभव कर दिखाने और पर्वतों को भी हिला देने की शक्ति दृढ़ आस्था और विश्वास से ही आती है।

बहुत-से लोगों को अपनी योग्यता का पता नहीं होता और छोटे पदों पर कार्य करते रहकर अपना जीवन गुजार देते हैं। उनमें से कितने लोग अपने उच्च पदाधिकारियों से अधिक योग्यता और कार्यक्षमता के मालिक होते हैं, लेकिन उन्हें अपनी शक्तियों पर विश्वास नहीं होता और आगे तरक्की नहीं कर पाते। इसी तरह मेरे एक मित्र कार्यरत थे। किसी कारणवश उनके उच्च अधिकारी को

अचानक छुट्टी पर जाना पड़ा। काम चलाने के लिए मालिक ने मेरे उस मित्र को कहा। उसने इतनी कुशलता से उस पद को संभाला कि उनके मालिक ने प्रसन्न होकर वह पद उन्हीं को सौंप दिया।

जीवन को सफल बनाने के लिए आवश्यक है कि व्यक्ति उसे आशा से देखे और अपनी योग्यता तथा शक्तियों पर विश्वास रखकर उन्नति की ओर अग्रसर रहे। आपके विश्वास के अनुसार ही आपका जीवन बनेगा।

जहां मन में उन्नति करने के प्रति सन्देह उत्पन्न हो गया वहीं आपकी उन्नति का मार्ग भी अवरुद्ध हो जायेगा। सन्देह और आशंका को यदि हम अपने मन में जगह न दें और- यदि मैं असफल हो गया तो! इस विचार को हृदय में पनपने न दें, तो आप अवश्य ही सफल होंगे। हमारी असफलता का कारण ही हमारे मन में आशा और सन्देह की भावना का होना है। हर क्षेत्र में विजय प्राप्त करने के लिए विश्वास की शक्ति को मजबूत बनाओ।

बेंजामिन डिजराइली को अपनी योग्यता पर पूरा भरोसा था और जीवन की ऊंचाइयों पर पहुंचने पर अटूट विश्वास था। अपने इसी आत्मविश्वास के बल पर वह इंग्लैंड के प्रधानमंत्री के पद पर जा पहुंचा था। उसका यह कहना कितना सही है- मनुष्य जीवन का सबसे बड़ा आश्चर्य है-उसका व्यर्थ की चिन्ता करना और उस चिन्ता को जीवन में महत्त्व देना।

किसी व्यक्ति के विश्वासों पर ही उसके जीवन की नींव टिकी है। विश्वास ही सही अर्थों में जीना सिखाते हैं। मनुष्य का वास्तविक रूप वह है जो आशा से उन्नति की ओर देखता है कि निराशा से भरे हुए अंधकार से घिरा रहता है। विश्वास ही ऐसा प्रवाह है जहां शक्ति का द्वार खुलता है।

संसार में जितनी तीव्र आलोचना ईसाई धर्म की हुई उतनी किसी दूसरे धर्म की नहीं हुई। यहां तक कि पवित्र बाइबिल को मिटा देने तक का प्रयत्न किया गया। लेकिन आज जितनी बाइबिल की बिक्री है उतनी किसी दूसरी पुस्तक की नहीं है। बाइबिल की तरह सर्वप्रिय पुस्तक दूसरी कोई नहीं है।

आत्मविश्वास की असाधारण सफलताओं को कौन गिन सकता है? यह उस अटूट विश्वास की ही शक्ति थी जिसने ईसाई धर्म को जीवित रहने, जमाने और फलने-फूलने दिया, जिसे मिटा देने के लिए समूची रोमन राज्य की शक्ति तुली हुई थी। कहां महान शक्तिशाली रोमन राज्य की शक्तियां और कहां निहत्थे ईसाई

धर्म के अनुयायी। अनगिनत कष्टों को झेलते हुए भी ईसाई धर्मावलम्बी उन क्रूर यातनाओं को सहते रहे थे जिन्हें राज्य की ओर से उन्हें दिया जा रहा था। अडिग खड़े मुकाबला कर रहे थे। किसी को भयानक जंगल में हिंसक पशुओं के आगे फेंक दिया गया, कितनों को फांसी पर लटका दिया गया, यहां तक कि तारकोल में डुबोकर नीरो महल के सामने मशालों की तरह जलाया गया-पर वे अपने धर्म पर अडिग रहे। वह क्रूर शक्तिशाली रोमन राज्य तो मिट गया, लेकिन ईसाई धर्म आज संसार में कोने-कोने में फैला हुआ है। इतनी यातनायें, इतने कष्ट आखिर किस बल पर सह सके वे लोग? उनका बल था-आत्मविश्वास जिसे संसार की कोई भी शक्ति डिगा नहीं सकती, मिटा नहीं सकती।

अपनी महत्त्वाकांक्षाओं को प्राप्त करने का जितना दृढ़ निश्चय आपका होगा उतनी ही सफलता भी आपको मिलेगी। अपने दृढ़ निश्चय और विश्वास की शक्ति के बल पर ही संसार में वैज्ञानिकों के सामने कितनी ही कठिनाइयां आई हैं, लेकिन सभी कठिनाइयों पर विजय हासिल करते हुए वे अपने निश्चय पर अडिग रहे हैं। इसी विश्वास की प्रबल शक्ति से मानव-सभ्यता आज बर्बर युग से सभ्यता के युग तक आ सकी है। प्रत्येक मनुष्य के व्यक्तित्व में किसी विशेष आविष्कार के बीज मौजूद रहते हैं। हर व्यक्ति संसार की उन्नति में अपना योगदान दे सकता है-यदि उसमें कुछ करने की आत्मविश्वास की शक्ति हो। विश्वास के बल पर ही एक साधारण व्यक्ति भी बड़े से बड़ा कार्य कर लेता है।

कितनी बार मैं तुम्हें कहता हूं कि जो मुझपर विश्वास रखता है, वह केवल मेरे जैसे कार्य ही नहीं, मुझसे भी अधिक कार्य कर सकेगा, क्योंकि मैं भी अपने परमपिता पर अटूट विश्वास रखता हूं। प्रभु ईसा मसीह इस उपदेश को दिया करते थे। प्रभु ईसा ने कितनी बार दोहराया है- अपने विश्वास के अनुसार ही तुम बन सकोगे। ईसा मनुष्य को समझाया करते थे कि एक ही शर्त पर वे सफल हो सकते हैं और वह है-विश्वास। श्रद्धा और विश्वास इन दो शब्दों को महान बताया गया है। इन दो शब्दों के जादू से मनुष्य की शक्तियां जाग्रत होकर विकसित होती हैं।

मनुष्य के जीवन में विश्वास ही वह ज्योति है जो उसके ईश्वर का अंश होने को प्रमाणित करती है।

सम्पूर्ण बाइबिल में विश्वास की ही महत्ता पर बल दिया गया है। विश्वास के बल पर ही 'मौसिन' लोगों को इजरायल की वीरानियों से ईश्वर की ओर अग्रसर कर सका। विश्वास के बल पर ही अब्राहम लिंकन अमेरिका का राष्ट्रपति बन सका। कितने लोग अपने दृढ़ विश्वास के बल पर जीवन की ऊंचाइयों पर पहुंचने में सफल हो सके हैं।

आत्मविश्वास की कमी सन्देह और निराशा को जन्म देती है; किन्तु याद रखो, ऐसे विश्वास से भी कोई लाभ नहीं जो डांवांडोल हो। आज आपको अपनी किसी सफलता से प्रसन्नता होती है, परन्तु किसी दूसरे ही दिन असफलता से निराश होने लगते हैं। इस तरह का डांवांडोल विश्वास आपको पूरी सफलता नहीं दिला सकता। क्षणिक असफलता से कभी निराश नहीं होना चाहिए। जब तक सफलता न मिल जाये पूरी तरह से मन में विश्वास जगाए रखिए। भय या सन्देह के विचार जीवन में जहर का काम करते हैं। इसलिए सदा सफलता के विचार ही मन में लाइए।

विश्वास ही हमारा सम्बन्ध ईश्वरीय शक्ति से जोड़ता है। हमेशा अपने मन में सोचते रहो- तुम ईश्वर की संतान हो। तुम कभी असफल नहीं हो सकते, क्योंकि असफलता का ईश्वर से कोई नाता नहीं है। तुम जो कुछ अपने जीवन में करना चाहते हो, वह तो ईश्वर ने ही निश्चित कर दिया था। उस परमपिता परमात्मा की मूर्ति तुम्हारे हृदय में सदा विद्यमान है। तुम्हारे लिए निराशा का कोई अर्थ नहीं है।

संसार में सबसे कठिन कार्य मनुष्य में आत्मविश्वास के भावों को जाग्रत करने का है। मनुष्य में यह भाव भरना कि तुम इस संसार में किसी महान कार्य को करने आए हो-सफलताएं तुम्हारी प्रतीक्षा कर रही हैं, सचमुच, कठिन कार्य है। जिन मनुष्यों में सफलता पाने के लिए आत्मविश्वास जाग्रत हो गया है, उन्होंने मानवता के कल्याण में अपना महत्त्वपूर्ण योगदान दिया है। सम्पूर्ण बाइबिल में विश्वास की ही अधिक महत्ता बताई गई है।

विश्वास सोचता नहीं, न ही अनुमान लगाता है-विश्वास तो बस जानता है। यही वह पथ-प्रदर्शक है जिसके प्रकाश में हम विजय-पथ पर चलते हुए आगे ही आगे बढ़ते हैं, कभी भटकते नहीं हैं।

एक डाक्टर जब किसी रोगी की चिकित्सा करता है तब उसका ध्यान केवल रोगी के शरीर और उसके रोग पर ही नहीं होता, बल्कि इस बात पर भी होता है कि वह रोगी के मन में पूर्ण स्वास्थ्य का विश्वास पैदा कर दे। रोगी के मन में अपने रोगमुक्त हो जाने का जितना अधिक विश्वास होगा, उतनी ही जल्दी वह ठीक भी हो जायेगा।

हमारे मन के विचारों का प्रभाव हमारे शरीर पर भी पड़ता है। यदि हम अपने मन में बार-बार अपने अस्वस्थ होने के विचार लाते रहते हैं तो वास्तव में ही बीमार हो जाते हैं। आखिर शरीर तो मन का बाहरी रूप ही है, तब मन के विचारों का प्रभाव शरीर पर पड़ेगा ही। स्वास्थ्य तो स्वास्थ्य के बारे में सोचने से ही आता है। जैसे बीमारी सोचने से बीमारी। अच्छा स्वास्थ्य पाने के लिए सदा अच्छे स्वास्थ्य की आशा करना, स्वस्थ विचारों को मन में संजोये रखना बहुत आवश्यक है। मन में जब तक स्वास्थ्य के लिए आशंकाएं और बीमारी की सम्भावनाएं बनी रहेंगी, तब तक आप कभी भी पूर्ण स्वस्थ नहीं हो सकते।

कई बार नीम-हकीम ऐसे रोगियों को स्वस्थ करने में सफल हो जाते हैं जिन्हें अच्छे डाक्टर भी ठीक नहीं कर पाते। नीम-हकीमों की सफलता के पीछे रोगी के विश्वास का ही रहस्य छिपा हुआ है जिसे डाक्टर दिलाने में सफल नहीं हो सके। चाहे कोई अच्छा डाक्टर हो या नीम-हकीम, मरीज का जिसकी दवा पर विश्वास होगा उसी की दवा लेने से वह स्वस्थ होगा। रोगी के ठीक होने में दवा का उतना महत्व नहीं है जितना उसके अपने मन के विश्वास का महत्व है।

शरीर के रोगों का यथार्थ में कोई अस्तित्व नहीं है। स्वास्थ्य मनुष्य की स्वाभाविक अवस्था है। शरीर के रोग या कष्ट क्षणिक होते हैं, स्वाभाविक नहीं।

मुझसे एक सुप्रसिद्ध सर्जन ने अपने अनुभव बताते हुए कहा कि-कई रोगी जो किसी विशेष रोग के भय पीड़ित थे, उन रोगियों पर नकली आपरेशन का सफल प्रयोग उसने किया। इस तरह के आपरेशन में उस सर्जन में आपरेशन करने का पूरा नाटक किया। रोगी को आपरेशन की मेज पर लिटाकर बेहोशी की दवा देकर शरीर के उसी अंग पर कुछ खरोंच मार कर पट्टी बांध देता था, मानो वास्तविक आपरेशन ही किया गया हो। निश्चित समय पर बेहोशी दूर होने पर सचमुच रोगी स्वस्थ हो जाता है। ऐसे सभी रोगी जिनको अपनी बीमारी के बारे

में पूरा विश्वास हो गया था, वे भी इस प्रकार के नकली आपरेशन से ठीक हो गए।

वास्तव में ऐसे रोगियों को विश्वास हो गया था कि उनकी बीमारी आपरेशन करने से ही ठीक होगी, दूसरी दवाओं से नहीं। उन्हें अपने रोगी होने का भी पूरा विश्वास हो गया था, जबकि यथार्थ में वे रोगी थे ही नहीं। उस सर्जन ने कभी अपने नकली आपरेशन का रहस्य किसी रोगी को नहीं बताया। डाक्टर का मानना था किसी भी तरह रोगी को विश्वास में लेकर ही उसे स्वस्थ किया जा सकता है।

एक दूसरे सर्जन ने बताया कि उसने नकली आपरेशन करके ऐसी महिला रोगियों को स्वस्थ कर दिया है, जो यह समझती थीं कि उन्हें हिस्टीरिया का दौरा पड़ता है। उन महिलाओं के मन में यह विश्वास बैठ गया था कि उन्हें रोग ने घेर लिया है। यद्यपि उनका यह कोरा वहम ही था और वे उस रोग से मानसिक रूप से ही पीड़ित थीं। उनके विश्वास के अनुसार ही नकली आपरेशन करके उन्हें काल्पनिक- रोग से छुटकारा दिलाया जा सकता था। नकली आपरेशन ने ऐसी अनेक महिलाओं को स्वस्थ कर दिया।

एक स्त्री के वहम के बारे में बताते हुए उस सर्जन ने कहा कि उसके मन में पक्का विश्वास हो गया था कि उसके अन्दर गिल्टी हो गई है। इससे पूर्व चार बार आपरेशन करके उसकी गिल्टी निकाली जा चुकी है। अचानक बिजली का झटका लगने से पुनः उसे लग रहा है कि दुबारा उसको गिल्टी बन गई है। जब किसी तरह उसका वहम दूर नहीं हुआ तब सर्जन को उसका नकली ऑपरेशन करना पड़ा। उसका विश्वास था कि केवल आपरेशन से ही उसकी गिल्टी निकाली जा सकती है और वह स्वस्थ हो सकती है। नकली आपरेशन करने के लिए सर्जन ने उसे आपरेशन मेज पर लिटाकर उसे सिर्फ इतनी ही बेहोशी की दवा सुंघाई जिससे वह अर्ध-मूर्च्छित हो गई। वह केवल सुन सकती थी, अनुभव कर सकती थी, देख नहीं सकती थी। आपरेशन रूम में नर्सें, डॉक्टर इस तरह आ-जा रहे थे मानो असली आपरेशन किया जा रहा हो। डॉक्टर दूसरे कर्मचारियों को जल्दी-जल्दी आदेश दे रहे थे। रोगी के आपरेशन वाले अंग पर बर्फ के ठंडे पानी की बूंदें इस तरह डाली गई कि रोगी यह अनुभव करे कि अब उसे पट्टी बांधी जा रही है। थोड़ी देर वहीं रखने के बाद उसे एम्बुलेंस द्वारा उसके घर पहुंचा दिया गया। साथ में दो नर्सें भी उसकी देख-रेख के लिए भेजी गईं। होश में आने

पर नर्सों ने उसे थोड़ी-सी चाय पी लेने के लिए कहा तो बड़ी क्षीण आवाज में उसने बताया कि वह चाय नहीं पी सकती, उसे बड़ी कमजोरी का अनुभव हो रहा है। आग्रहपूर्वक उसको थोड़ी चाय पीने के लिए विवश किया गया। वह दस दिन तक बिस्तर पर ही रही। इन दिनों किसी को उससे मिलने भी नहीं दिया गया। थोड़े ही दिनों में वह बिल्कुल स्वस्थ हो गई। उसे यह विश्वास हो गया, कि आपरेशन सफल रहा है और उसकी गिल्टी निकल गई है।

किसी-किसी रोगी के मन में किसी विशेष डॉक्टर की दवाई पर दृढ़ विश्वास हो जाता है। अगर कोई दूसरा डॉक्टर उस रोगी का इलाज करता है तो वह ठीक नहीं होता। उसका विश्वास ही उसके स्वस्थ होने में महत्त्वपूर्ण भूमिका निभाता है, दवाई विशेष नहीं। मुझे एक ऐसे व्यक्ति के बारे में मालूम है, जो वर्षों तक किसी भयानक रोग से पीड़ित रहा। किसी डॉक्टर या सर्जन की दवा से उसे कोई लाभ नहीं हुआ। उस व्यक्ति ने एक विदेशी डॉक्टर के चमत्कारी इलाज के बारे में अखबारों में पढ़ा था और उसका विश्वास था कि वही डॉक्टर उसे ठीक कर सकता है। उसको अपने स्वस्थ होने की कोई सम्भावना नजर नहीं आ रही थी। अचानक उसने अखबार में पढ़ा कि वही डॉक्टर यहां आ रहा है। उसे विश्वास हो गया कि अब वह स्वस्थ हो जाएगा। उसे अपने ठीक हो जाने का इतना प्रबल विश्वास हो गया कि उस विदेशी डॉक्टर से इलाज कराने के लिए उसने अपना घर बेचकर धन एकत्रित कर लिया। उसका विश्वास था कि ठीक हो जाने पर वह धन तो वह कमा लेगा और पुनः घर बना सकेगा।

डॉक्टर से मिलने के लिए उसे कुछ देर लाइन में बाहर ही बैठना पड़ा। बाहर बैठा-बैठा वह अपने स्वस्थ हो जाने की कल्पना कर रहा था। उस डॉक्टर पर उसको इतना अधिक विश्वास हो गया था कि बाहर बैठे-बैठे ही उसका आधा रोग दूर हो गया। उसे आराम अनुभव होने लगा। अपनी बारी आने पर वह जब वह डॉक्टर के पास गया तो उसकी परीक्षा करने के बाद डॉक्टर ने जब उसे बताया कि वह जल्दी ही ठीक हो जायेगा तब उसे ऐसा लगा मानो वह बिल्कुल स्वस्थ हो गया है और सचमुच दवाई का सेवन करने पूर्व ही वह स्वस्थ हो चुका था।

इस रोगी के स्वस्थ होने में छिपी मानसिकता की पृष्ठभूमि को देखिए। उस रोगी को अमुक विदेशी डॉक्टर के इलाज पर शत-प्रतिशत विश्वास था। उसके मन के इसी विश्वास के कारण ही उसकी सारी बीमारी दूर हो गयी।

औषधालयों में रखी शक्तिवर्धक दवाइयां उस व्यक्ति के लिए व्यर्थ हैं जो आशा और विश्वास के रूप में उसके अन्दर मौजूद है। विश्वास की शक्ति से मनुष्य अपने शक्ति-स्रोत से जुड़ जाता है जिससे रोग स्वयं ही दूर हो जाता है। वास्तव में सफलता दवाई की नहीं, सफलता तो उस व्यक्ति के शक्तिशाली विश्वास की है, जो उसके अन्दर मन में होता है। दवाई से रोगी का विश्वास हटा देने पर उसका असर भी तुरन्त ही समाप्त हो जायेगा।

मैं अवश्य ठीक हो जाऊंगा। यह विश्वास ही अचूक दवा है।

सैकड़ों साल पहले जिन औषधियों को अचूक समझा जाता था, आज उनको व्यर्थ माना जाता है। उस समय उन औषधियों पर लोगों का अटूट विश्वास था इसलिए उनमें जीवनी-शक्ति थी, किन्तु आज उन पर किसी का विश्वास नहीं रहा। इसलिए उनकी उपयोगिता भी नष्ट हो गयी। आज हम उन पुरानी औषधियों को दकियानूसी कहकर अनुपयोगी समझते हैं। कुछ सालों पहले तक गठिया आदि रोगों के निदान के लिए घोड़ों के चेस्टनट अपनी जेब में रखते थे या लोहे की अंगूठी पहनते थे और उन्हें लाभ भी होता था। समय-समय पर इस बीमारी की अनेक दवाइयां चलीं, खूब प्रसिद्ध हुईं और लोगों को लाभ भी हुआ। आज दूसरी दवा के आ जाने पर पहले की सभी दवाइयां बेकार हो गई हैं, क्योंकि अब लोगों को उन पर कोई विश्वास नहीं रहा। जब तक लोगों का विश्वास किसी दवा पर बना रहता है, वह असरदार होती है। जब विश्वास हट जाता है, तब अचूक गुणकारी औषधि का कोई असर नहीं होता और वह बेकार हो जाती है। इसका यही निष्कर्ष निकलता है कि दवा से अधिक विश्वास में शक्ति है।

अनेक रोगी किसी विशेष तीर्थ स्थान पर जाने अथवा किसी पवित्र नदी के जल में स्नान करने मात्र से ठीक हो गये। उन्हें किसी औषधि के सेवन करने से कोई लाभ नहीं हुआ।

मेरा एक मित्र भारत-भ्रमण करता हुआ जब हरिद्वार पहुंचा तो उसने देखा कि अनगिनत लोग एक-दूसरे से सटकर गंगा के पवित्र जल में स्नान कर रहे हैं। उसने ऐसे अनेक लोगों को स्नान करते देखा जो भिन्न-भिन्न बीमारियों के शिकार थे। पास ही शव भी बहते जा रहे थे और लोग वहीं नहा रहे थे। उनके नहाने से और शव के बहने से वहां का पानी बड़ा गन्दा-सा हो गया और उसमें अनेक रोगों के कीटाणु मिल गए थे। उसे आश्चर्य तो तब हुआ जब उसने देखा कि उसी पानी को लोग बड़ी श्रद्धा से पी भी रहे हैं। दूर-दूर से आए उन श्रद्धालुओं

के मन में इस बात का पक्का विश्वास है कि गंगाजल अचूक औषधि है जबकि श्रद्धाहीन लोगों के लिए घातक ही सिद्ध होता। हमारे सब तीर्थों और नदियों की सफलता का रहस्य ही यह है कि लोगों का उन पर अटल विश्वास है।

न्यूयार्क के गिरजाघर में, सहस्रों लोग सेंट ऐनी की जयन्ती मनाने के लिए इकट्ठे हुए थे। वहां मैंने विश्वास का एक अनोखा चमत्कार देखा। उपस्थित लोगों में से अनेक सेंट ऐनी की चमत्कारी कलाई से स्वास्थ्य लाभ करने के लिए आए थे। रोगमुक्त हो जाने की आशा में वे सब आंगन में घुटने टेककर बैठ गए। तब पादरी ने उस चमत्कारिक हड्डी को प्रत्येक रोगी के अंग से छुआ दिया-बस वह स्पर्श ही रोगी के विश्वास की शक्ति से उन्हें स्वस्थ करने में सफल हो गया।

बहुत-से लोग बिना किसी कारण के अपने पास कई तरह की दवाइयां रख लेते हैं जिनकी न तो उनको कोई जरूरत होती है और न उनका कोई महत्त्व होता है तो भी हम उनके रखने को हानिप्रद नहीं कह सकते, कारण यही है कि जब तक उन लोगों को उन दवाइयों पर विश्वास है, उन्हें उन दवाइयों से फायदा होता रहेगा। स्पष्ट है कि उनका विश्वास ही इलाज करता है, न कि दवाई।

किसी डॉक्टर या वैद्य की प्रसिद्धि का भी यही मुख्य कारण होता है। लोग प्रायः किसी सर्वमान्य व प्रसिद्ध डॉक्टर या वैद्य के पास ही अपने रोग की चिकित्सा कराना चाहते हैं। उन्हें विश्वास हो जाता है कि अमुक डॉक्टर के पास जाने से वे बिल्कुल ठीक हो जायेंगे और आश्चर्य की बात तो यह है कि उस डॉक्टर के पास जाने मात्र से आधा रोग तो बिना दवाई खाये ही ठीक हो जाता है। सच्चाई तो यह है कि डॉक्टरों की सफलता का श्रेय उनकी दवाइयों से अधिक लोगों का उनमें विश्वास को है।

उपरोक्त तमाम उदाहरणों से यह स्पष्ट हो जाता है कि अचूक और अछूत इलाज करने वाला न तो कोई अंधविश्वास है, न कोई दवाई अथवा चिकित्सक, बल्कि विश्वास ही प्रबल शक्ति है जो सब चमत्कार कर दिखाती है। ईसा ने भी इसी सच्चाई को उजागर किया है। ईसा ने कहा है कि- मेरा विश्वास नहीं, तुम्हारा अपना विश्वास ही तुम्हें यह सब बना सका है। वास्तव में रोग या स्वास्थ्य कुछ भी नहीं है, यह तो केवल अपने मन का विश्वास ही है। एक ही वस्तु जो किसी को अनमोल स्वास्थ्य लाभ करा सकती है, वही दूसरे व्यक्ति को हानि पहुंचा सकती है। महत्त्व वस्तु का नहीं भावना का है। सच तो यह है कि हमारा स्वास्थ्य हमारे विश्वास से ही आगे बढ़ता है। यदि संदेह विश्वास में बदल जाये तो वह मृत्यु का कारण भी बन सकता है।

इस बारे में एक मनोरंजक घटना इस प्रकार है। एक बार एक युवक कहीं जा रहा था। रास्ते में उसे प्यास लगी, वहीं पड़ोस में ही उसकी नानी का गांव था। पानी पीने के लिए वह युवक अपनी नानी के घर चला गया। गांव की रीति के अनुसार उसकी नानी ने उसे छाछ पीने को दी जिसे उसने तभी बिलोया था। युवक अपनी प्यास बुझाकर चला गया। उसके चले जाने के बाद उस वृद्धा ने छाछ का बर्तन देखा। उस बर्तन को देखते ही उसका दिल धक से रह गया। दही के साथ एक छोटा सांप भी मथा गया था। उस वृद्धा का मन अपने नाती के अनिष्ट की आशंका से कांप उठा। वह सोचने लगी, भला सांप के विष की छाछ पीकर भी कोई व्यक्ति जीवित रह सकता है।

कुछ दिनों बाद वही युवक फिर उस वृद्धा के घर आया। उसकी नानी उसे भला-चंगा देखकर आश्चर्यचकित रह गई। युवक ने वृद्धा के आश्चर्य करने का कारण पूछा। तब तक उस युवक को तो कुछ भी मासूम नहीं था। जब उसकी नानी ने सांप के विष की छाछ पीने की पूरी बात उसे बताई, तो नानी की बात सुनकर वह युवक सन्न रह गया। उसे ऐसा लगा जैसे सांप का विष उसके शरीर में फैल गया हो। जब तक उसे मालूम नहीं था कि जो छाछ उसने पी थी, उसमें सांप का जहर मिला हुआ था, वह स्वस्थ था। अब इतने दिन बाद जब उसे इस बात का पता लगा तो उसकी तबियत बिगड़ने लगी, उसे अपना शरीर गिरता-सा लगने लगा। वह तुरन्त अपने गांव वापस लौट आया। इतना ही नहीं, कुछ दिनों में उसकी मृत्यु भी हो गई।

इस घटना से पूरी तरह यह स्पष्ट हो जाता है कि स्वास्थ्य और बीमारी अधिकतर अपने विश्वास पर निर्भर करती है। स्वास्थ्य का विचार और विश्वास जहां स्वास्थ्य प्रदान करते हैं वहीं बीमारी और अस्वस्थता के विचार और विश्वास बीमारी उत्पन्न करते हैं।

ईसा के पास जो भी लोग जाते वह यही कहता था- विश्वास करो कि मैं तुम्हारे लिए कुछ कर सकता हूं। जब वे लोग ठीक हो जाते तब वह उनके ठीक हो जाने का कारण स्वयं को नहीं उनके विश्वास को ही बताता था। ईसा ने कभी भी अपने पर विश्वास करने को नहीं कहा, उसने सदा स्वयं पर विश्वास करने को ही लोगों को प्रेरित किया है। स्वयं ईसा ने कहा था- आत्मविश्वास के बिना तुम मुझसे भी कोई लाभ नहीं उठा सकते। लोग ईसा पर अटूट विश्वास करते थे। उनका मानना था कि ईसा, प्रभु का अवतार है, जो अंधों को आंखें, बहरों को कान देता है, गूंगे लोगों को वाणी देता है और लंगड़ों को चलने की शक्ति देता है। लोगों का विश्वास था कि वह मृतकों में प्राण डाल देता है। सोचो, ईसा के इन चमत्कारों पर लोगों को कितना विश्वास था। लोगों को उस पर इतना ज्यादा

विश्वास था कि ईसा के पैरों पर डालने के लिए लोग रोगी को ऊपर छत से नीचे गिरा देते थे। इसमें सन्देह नहीं कि ईसा के स्पर्श मात्र से उनकी बीमारी ठीक हो जाती थी। विश्वास ही मनुष्य के लिए संजीवनी औषधि रहा है। विश्वास ही जीवन का निर्माता, सृष्टिकर्ता और संरक्षक रहा है। विश्वास के बिना मनुष्य जीने की आशा भी नहीं कर सकता।

विश्वास के ही कारण गांव का एक साधारण, बिना पढ़ा-लिखा हकीम अपनी स्वयं की बनाई दवाई से रोगी को ठीक कर देता है, अथवा टूटे-फूटे मंत्रों द्वारा उसे अच्छा कर देता है। एक सुशिक्षित डॉक्टर जिस रोग का निदान नहीं कर सकता उस रोग को अशुद्ध मंत्रों के उच्चारण से एक गांव का ओझा ठीक कर देता है। जब यह सच है कि डॉक्टर की दवाइयों का असर हमारे विश्वास के कारण ही सम्भव होता है, तो क्यों न अपने विश्वास पर ही भरोसा करें और दवाइयों को त्याग दें।

हार्वर्ड मैडीकल स्कूल के प्रसिद्ध डाक्टर रिचर्ड सी. केवट का कहना है कि रोगियों के लिए अस्पताल का वातावरण सबसे ज्यादा हानिकारक होता है। अस्पताल में रोगी को हर पल बीमारी की ही बातें सुनने को मिलती हैं, बीमारी के ख्यालों से उसे क्षण भर को भी फुर्सत नहीं मिलती। उसके दिमाग में स्वास्थ्य के बजाय बीमारी के ही विचार घुसे रहते हैं। रोगी को ऐसे स्थान पर रखना चाहिए जहां उसे प्रत्येक वस्तु से स्वास्थ्य का संदेश मिलता रहे।

एक मनोवैज्ञानिक डॉक्टर के पास एक स्त्री आई जो अपने रोगग्रस्त जीवन में बड़ी दुःखी थी। बहुत-सी बीमारियों में से एक बीमारी उसके गले पर एक गिल्टी का होना था। उसका विश्वास था कि इस बीमारी को उसे डॉक्टर को अवश्य बताना चाहिए अन्यथा उसे कभी आराम नहीं मिल सकेगा। दिन-रात उसे अपनी इस बीमारी की चिन्ता सताती रहती।

जब वह पहले दिन इलाज कराने उस डॉक्टर के पास आई, तो डॉक्टर ने उसके सामने एक स्वस्थ गुलाबों का गुलदस्ता जिसका रंग शरीर की तरह के गुलाबी रंग जैसा था, रख दिया। डॉक्टर ने उसे वहां बैठकर फूलों की सुन्दरता को देखते रहने के लिए कहा। उसके मन में उल्लास भरने के लिए मनोवैज्ञानिक ने उस स्त्री को आधा घंटा तक फूलों के सौन्दर्य में मुग्ध रखा। फिर उसने उस महिला को बताया कि बीमारी के बारे में वह कोई बात नहीं सुनना चाहता। क्योंकि एक डॉक्टर को सदा ईश्वर-प्रदत्त स्वास्थ्य के बारे में ही सोचना और बात करना चाहिए। उस स्त्री को भी उस डॉक्टर ने ऐसे ही स्वस्थ विचार हमेशा अपने मन में लाने को कहा।

उस स्त्री ने डॉक्टर की सलाह का पालन किया। कुछ ही दिनों में धीरे-धीरे उसके स्वास्थ्य से ओत-प्रोत विचारों का प्रभाव उसके शरीर पर भी होने लगा और वह पूर्ण स्वस्थ हो गई। जब उसके मन पर पूरी तरह स्वास्थ्यवर्धक विचारों का राज्य कायम हो गया, तभी सम्पूर्ण शरीर रोग मुक्त हो गया।

मन में जिस तरह के विचार होते हैं, शरीर पर उनका वैसा ही असर होता है। रोग निदान के लिए चाहे मनोवैज्ञानिक ढंग से चिकित्सा की गई हो, एलोपैथ अथवा होम्योपैथ या किसी मंत्र-तंत्र से-तमाम पद्धतियों के रोग निवारण में रोगी का अपना विश्वास ही प्रमुख कारण है जिससे वह स्वास्थ्य लाभ कर सका। यही विश्वास हमें बिना ईश्वर की प्रेरणा के नहीं होता। हमारी अन्तरात्मा का सीधा सम्बन्ध उस परमपिता से है जिसने इस सम्पूर्ण सृष्टि का निर्माण किया है। हमारा छोटा-सा जीवन उस महान् ईश्वरीय शक्ति का एक अंग है। उससे अलग रहकर हम क्षण भर भी नहीं जी सकते। वह जीवनदायनी शक्ति हमारे भीतर हृदय में निवास करती है। वह ईश्वरीय तंत्व, जो एक छोटे-से बीज को विशाल वटवृक्ष बना देता है, जो एक छोटे-से अंकुर को सुन्दर-सुगन्धित पुष्प के रूप में खिला देता है, वही रचनात्मक तत्व सारी सृष्टि के कण-कण में बसा हुआ है। जिस क्षण हम उस जीवनाधार से अपना सम्बन्ध स्थापित कर लेते हैं, एकाकार अनुभव करते हैं, उसी क्षण हमें मानसिक या शारीरिक स्वास्थ्य प्राप्त होने लगता है। हमें विश्वास अपने अन्तःकरण की प्रेरणा से होता है-वही आत्मविश्वास हमारे सभी मानसिक और शारीरिक कष्टों से छुटकारा दिलाने में सहायक सिद्ध होता है।

अपने आपको सदा पूर्ण स्वस्थ और ईश्वर सन्तान समझो। सदा स्वस्थ और बलवर्द्धक विचार ही मन में लाओ। बीमारी या कमजोरी के विचारों को मन में स्थान मत दो। यदि आपके स्वस्थ विचारों का असर तुरन्त तुम्हारे शरीर पर नहीं हो रहा है तो चिन्ता मत करो। अपने विचारों को और शक्तिशाली बनाओ, विश्वास को और मजबूत करो। धीरे-धीरे आपके इन स्वस्थ विचारों और ईश्वरीय विश्वास का असर आपके शरीर पर होने लगेगा। कुछ ही दिनों में आपके सब रोग, दुर्बलताएं दूर हो जायेंगी और आपके अन्दर का स्वस्थ, बलशाली व्यक्तित्व उभरता आएगा।

स्वास्थ्य प्राप्त करने के लिए केवल रोग का बहिष्कार करना ही यथेष्ट नहीं होगा, बल्कि अपने मन से स्वास्थ्य का आदर भी करना होगा-तभी स्थाई स्वास्थ्य लाभ पा सकेंगे।

रोग या अस्वस्थता क्षणिक और असत्य हैं-स्वास्थ्य ही एकमात्र अटल सत्य है-यह विश्वास ही सबसे बड़ा इलाज है। अच्छा स्वास्थ्य मनुष्य का जन्मसिद्ध अधिकार है-रोग या दुःख नहीं। प्रत्येक चिकित्सक की सफलता का रहस्य भी

इसी विचार को महत्त्व देने में है। वह समय दूर नहीं जब किसी घर में बीमारी या रोग का नाम भी नहीं लिया जायेगा। बच्चे सदा स्वास्थ्य के विचारों से ही पलेंगे-तब उनके मन आशा और उल्लास से भरे होंगे और शरीर शक्ति और स्वास्थ्य से। जिस प्रकार मीठे जल से लबालब भरा झरना सारी घाटी को हरा-भरा बना देता है, न कि खारे पानी का झरना। उसी तरह स्वास्थ्य का अटल विश्वास जीवन रूपी वाटिका को सुरभि और सुगन्ध से लहलहा देगा।

जब मैं आपके समक्ष अच्छे स्वास्थ्य का अमर सिद्धान्त रखता हूं तब मेरा आशय सिर्फ शरीर के स्वास्थ्य के बारे में ही नहीं होता, बल्कि मेरे सामने तो मनुष्य का ईश्वरीय या आत्मिक स्वास्थ्य ही होता है। मनुष्य का नाशवान शरीर मेरे सामने नहीं होता बल्कि मेरी आंखों के सामने तो उसकी अमर आत्मा ही होती है जो न कभी जन्म लेती है और न कभी मरती है। यथार्थ में यही मानव-जीवन का अमर सत्य है जिसे थामकर, मजबूती से पकड़कर, वह नश्वर शरीर में से ही अमरत्व को प्राप्त कर सकता है।

अपने स्वास्थ्य को स्थाई बनाने के लिए आपको हर क्षण विश्वास के साथ कहना चाहिए-मेरा शरीर हृष्ट-पुष्ट है, मैं स्वस्थ हूं। मैं शक्ति हूं। मेरे शरीर में किसी प्रकार का कोई रोग नहीं है। मैं पूर्णतः स्वस्थ हूं। मुझे ईश्वर ने ऐसी कोई बीमारी नहीं दी जिस पर विजय पाने की मेरे शरीर में सामर्थ्य न हो। मेरी आत्मा पूरी तरह से स्वस्थ, स्वस्थ विचारों से पूर्ण है तब मेरा शरीर भी पूरी तरह निरोग है। क्योंकि मेरा शारीरिक स्वास्थ्य आत्मिक स्वास्थ्य पर निर्भर है। मैं सामर्थ्यवान हूं। मुझे विधाता ने स्वास्थ्य की अपार सम्पत्ति का स्वामी बनाया है। मेरे अन्दर रोग या कमजोरी को कोई स्थान नहीं है। मुझे यह जीवन ईश्वर से प्राप्त हुआ है। मैं ईश्वर की संतान हूं इसलिए मैं अमर हूं। वही ईश्वर जिसने मुझे जीवन दिया है, वही मेरे जीवन की रक्षा भी करेगा।

4. निर्धनता से नहीं, समृद्धि से नाता जोड़ें

निर्धनता का सबसे बड़ा अभिशाप यह है कि इसका विचार करने से ही मनुष्य की सदा निर्धन बने रहने की आदत बन जाती है।

सृष्टिकर्ता ने संसार में मनुष्य के सुख के लिए अपार सम्पदाओं के भण्डार भर दिए हैं। कल्पनातीत धन-सम्पत्ति, जीवन की अनमोल वस्तुएं विशाल खनिज पदार्थ, वनस्पति आदि सभी तो मानव की समृद्धि के लिए हैं। संसार के गर्भ में इतनी सम्पत्ति उपस्थित है, जिसका उपयोग कर मनुष्य अपनी हर आवश्यकता की पूर्ति कर सकता है। सभ्यता के विकास क्रम में मानव ने इन्हीं प्राकृतिक साधनों का उपयोग करते हुए बड़े-बड़े आविष्कार किये हैं। संसार में मनुष्य के वैभव और विलास के सभी साधन उपलब्ध हैं। प्रत्येक आविष्कार, खोज, घर-मकान, नगर या सड़क से लेकर हवाई जहाज आदि तक मनुष्य द्वारा किये गए निर्माण उसकी प्रसन्नता और सुख के लिए ही तो हैं।

लेकिन सदियों से मनुष्य अभावग्रस्त जीवन का रोना रोता रहा है। कई बार तो आशावादी व्यक्ति भी सुख-समृद्धि न मिलने पर निराश हो जाते हैं और सोचते हैं कि अभी तक प्रसन्नता के न मिलने का क्या कारण है? कितने ही

लोग तो यहां तक सोचने लगते हैं कि ईश्वर ने उनके लिए इतना ही सुख अथवा गरीबी निश्चित की हुई होगी, जितनी उन्हें मिल रही है।

निर्धनता का सबसे बड़ा अभिशाप यह है कि इसका विचार करने से ही मनुष्य की सदा निर्धन बने रहने की आदत बन जाती है।

ईश्वर के पास आपके लिए, आपके सुख के लिए सब कुछ है। यदि आप अभी तक अपनी चिरइच्छित वस्तु को प्राप्त नहीं कर पाए हैं तो साफ जाहिर है कि आपके मन में उसे पाने के लिए कुछ संदेह बाकी है जिस कारण आप या तो प्रयत्न करते ही नहीं हैं और अगर करते भी हैं तो अधूरे मन से। जब आपके मन में इस बात का विश्वास ही नहीं है कि आप भी समृद्धि के स्वामी बन सकते हैं तब आप प्रयास भी नहीं करते, अथवा अधूरे मन से परिश्रम करते हैं। तब किस तरह आप अपने जीवन में सफल हो सकते हैं? समृद्धि का भी अपना सिद्धान्त है जो 'आकर्षण के सिद्धान्त' के समान अटल है। प्रकृति की सभी सम्पदा मनुष्य के निमित्त है उसके देने में कोई कमी नहीं है, कमी है तो आपके लेने में। वह तो खुले हाथ से बांट रहा है, अब अगर आपका पात्र ही छोटा है तो दोष किसका है-आपका या देने वाले का? इससे भी आश्चर्य की बात तो यह है कि उस छोटे पात्र को भी आप सन्देह और अविश्वास से भर लेते हैं, तब सुख और समृद्धि कहां समायेगी?

केवल इच्छा करने से समृद्धि मिल जाये या सदा सोचते रहने से समृद्धि प्राप्त हो जाये, यह नहीं हो सकता। आप पूरे जीवन वैभव के सपने अपने मन में संजोये रहिए, कुछ नहीं हो सकता। जब तक आप वैभव पाने के लिए परिश्रम नहीं करेंगे आप कभी नहीं पा सकेंगे। आप अपने जीवन में अभी तक इसलिए सफल नहीं हो सके हैं, क्योंकि आपने उसे पाने के लिए प्रयास नहीं किया है। अपने आदर्श को पाने के लिए परिश्रम से जुटना होगा। सफलता पाने के लिए आपको व्यवहार निपुण, परिश्रमी और प्रयत्नशील रहना होगा।

संसार के अधिकतर लोग केवल धन से गरीब नहीं हैं, बल्कि मन से गरीब हैं। वे अपने में कभी समृद्धि का विचार नहीं लाते और न ही इसके लिए कोई प्रयत्न ही करते हैं। यही कारण है वे अपार वैभव से पूर्ण इस भण्डार से कुछ भी नहीं ले पाते और निर्धन रह जाते हैं।

बहुत पहले की बात है, किसी गांव में एक महिला रहती थी। किसी कारणवश उसे गांव छोड़कर शहर में आना पड़ा। शहर में आकर उसे यह देखकर बड़ा आश्चर्य हुआ कि रोशनी के लिए वहां बिजली के बल्ब लगे हुए हैं, जिनसे गांव के लैम्प की रोशनी के मुकाबले कई गुना अधिक रोशनी आ रही है। उसने कभी गांव से बाहर निकलकर तो देखा नहीं था। थोड़े दिन बाद एक बल्ब बेचने वाले से उसने ज्यादा वोल्ट्स का बल्ब ले लिया। उसे लगाकर बटन दबाने के बाद तो वह आश्चर्यचकित रह गई। उसकी रोशनी तो सूर्य की रोशनी जैसी तेज और चुंधियाने वाली थी। उस स्त्री के लिए तो यह अद्भुत और जादुई करिश्मा ही था। उसके लिए तो यह सोचना भी असंभव था कि उस छोटे-से बल्ब से इतना अद्भुत प्रकाश उसी करंट से आ रहा था जिससे पहले वाले बल्ब में आ रहा था।

हममें से अधिकांश व्यक्ति उस स्त्री की तरह ही अपनी शक्तियों से अनजान हैं। उस शक्तिशाली 'करंट' से हम छोटे पावर का बल्ब ही जलाते हैं और उसी को पूर्ण मान लेते हैं। अधिकतर लोग ज्यादा पावर का बल्ब जलाते ही नहीं, करंट की शक्ति से अनजान वे समझते हैं कि जितना हम उपभोग कर रहे हैं, हमारे लिए ईश्वर ने इतना ही निश्चित किया होगा।

हम स्वयं अपनी सफलता की सीमा बांधते हैं। कभी सोचते भी नहीं कि हमारे भीतर भी इस छोटे-से बल्ब से कई गुना अधिक शक्ति का प्रकाश छिपा हुआ है। हमारे अन्दर कितनी योग्यताओं का भण्डार भरा पड़ा है, हम कभी उसकी कल्पना नहीं करते। बस एक बार उस शक्ति को पहचान लेने की जरूरत है, इसीलिए जीवन की समृद्धि अधूरी ही रह जाती है। उस स्त्री की तरह कितने ही लोग अपने अपार शक्ति भण्डारों का बहुत कम उपयोग करते हैं जिस तरह वह स्त्री बिजली के करंट की शक्ति से अनजान थी, उसी तरह अनेक लोग अपनी ही अपार शक्ति से अनभिज्ञ हैं।

आप चाहे कितने ही निर्धन क्यों न हों, यदि आपका मन इसे स्वीकार नहीं करता तो निश्चय ही आप अधिक दिनों तक निर्धन नहीं रह सकते। यदि आपने यह विश्वास कर लिया कि आप ईश्वर की संतान हैं, जो सब सुख और समृद्धि का देने वाला है और वह आपको भी जीवन के मधुर वरदान देगा तो बस समझ लीजिए, आपने निर्धनता को दूर भगाने के लिए कमर कस ली है। अब संसार की कोई खुशी आपसे अलग नहीं रह सकती, सुख-समृद्धि का द्वार आपके लिए खुल जायेगा।

एडीसन का कहना है- सभी वैज्ञानिक यह अनुभव कर रहे हैं कि विश्व के कण-कण में एक अमर आत्मा व्याप्त है। इस अमूल्य बात का अर्थ बहुत कम लोग समझ पाए हैं। अब इसका महत्त्व विज्ञान भी समझ रहा है। हममें से अधिकांश लोग यही जानते हैं कि ईश्वर अपनी सन्तान के लिए हर पल कितने अपार भण्डार खोल रहा है। हमारी इच्छाएं इसलिए अधूरी रह जाती हैं कि हम उन्हें पाने का प्रयत्न नहीं करते।

यदि हम मरुस्थल में रहने वाले उन सहस्रों मनुष्यों के जीवन पर नजर डालें, जो अभाव का जीवन जी रहे हैं'। छोटे-छोटे मिट्टी के घर बनाकर रहते हैं और रोजी-रोटी के लिए थोड़े-बहुत पशु पाल लेते हैं। वहां रहने वाले लोग बड़ी कठिनाइयों से अपने जीवन के दिन काटते हैं। उन्हें नहीं मालूम कि जिस जमीन पर वे रह रहे हैं उसी के गर्भ में अनगिनत खनिज पदार्थों के भण्डार भरे पड़े हैं। यदि मरुस्थल के निवासी उस भूमि का सही ढंग से उपयोग करें तो वही भूमि सोना उगलने लगे। यदि वे लोग अपनी बुद्धि का उपयोग कर परिश्रम करें तो अच्छी से अच्छी फसल उगा सकते हैं और अपने अभावग्रस्त जीवन को समृद्ध बना सकते हैं। किसी भी भूमि में कोई कमी नहीं होती, सभी भूमि उपजाऊ होती हैं, कमी तो खाद और पानी की होती है। यदि मनुष्य उस भूमि में अपनी बुद्धि के बल से उसमें खाद-पानी देकर मेहनत करे तो कोई कारण नहीं कि वह भूमि सोना न उगले और बंजर रह जाये।

पश्चिम के इन्हीं मरुस्थलवासियों से थोड़ा हटकर वहां के निवासियों ने अपनी सूझ-बूझ और मेहनत से जमीन को हरा-भरा बना लिया है। वहां की भूमि फसलों से लहलहा रही है और सोना उगल रही है। वहां बसे अनेक परिवार सुख और समृद्धि का जीवन जी रहे हैं।

कुछ व्यक्ति थोड़ा-सा परिश्रम करके थोड़ी-बहुत खुशियां पा लेते हैं, पूरा परिश्रम नहीं करते जिससे अनन्त सुख पा सकें। बहुत-से लोग तो अपनी योग्यताओं से परिचित ही नहीं होते। इसी कारण सारा जीवन गरीबी और कष्टों में ही जीते हैं। बेकार पड़े रहने से उनकी योग्यताएं और शक्तियां लुप्तप्राय: हो जाती हैं। ऐसे लोगों का जीवन निर्धनता और अभावों से उसी तरह ग्रस्त रहता है जिस तरह उस मरुस्थल के लोगों का।

संसार के विशाल भण्डार में अनगिनत वरदान भरे पड़े हैं जिन्हें मनुष्य अपनी मेहनत और शक्ति से प्राप्त कर सकता है। नई विचारधारा यही है कि मानव अपनी शक्तियों का उपयोग करके जीवन को सुखी और समृद्ध बनाए। वास्तव में जिस क्षण हम यह जान लेंगे कि संसार में हमारी हर आवश्यकता की पूर्ति संभव है, यदि हम उसे पाने के लिए कोशिश करेंगे तो अवश्य वह वस्तु हमारी हो जायेगी। हमारे जीवन में कोई अभाव नहीं रहेगा तो और अधिक विश्वास के साथ हम अपने लक्ष्य को प्राप्त करने के लिए आगे बढ़ेंगे।

यदि संसार के समस्त गरीब लोग अपने मन में गरीबी के विचार लाना बन्द कर दें, इसकी चिन्ता या आशंका करना छोड़ दें तो निर्धनता स्वयं दूर चली जायेगी। अपने मन में सदा सुख और समृद्धि के विचार करें और अपने विश्वास को दृढ़ बनाएं तो सचमुच जीवन वैभव सम्पन्न हो जाये। जीवन में किसी तरह का अभाव या गरीबी न रहे।

हमारे मन में दृढ़ता के साथ समृद्धि का विचार होना चाहिए। हमारे जीवन का लक्ष्य सुख और समृद्धि ही होना चाहिए। समृद्धि की नदी आपके घर के पास से बही जा रही है इसमें अनगिनत मणि-माणिक्य भरे पड़े हैं। यदि आपके मन में उन्हें प्राप्त करने की प्रबल इच्छा है और उन्हें पाने के लिए आपके मन में पूरा विश्वास है तो निश्चय ही आप उन्हें पा लेंगे। ईश्वर ने आपके लिए ही निर्मित किया है, बस आपको पूरे विश्वास के साथ उन्हें प्राप्त करने के लिए परिश्रम करने की जरूरत है।

समृद्धि अथवा धन-सम्पत्ति ही नहीं, बल्कि संसार में दूसरी किसी भी वस्तु को प्राप्त करने के लिए मन में दृढ़ इच्छाशक्ति और हृदय में आत्मविश्वास होना चाहिए। निर्धनता के बारे में सोचते रहने से समृद्धि प्राप्त नहीं हो सकती। ठीक इसी तरह बिना दृढ़ इच्छाशक्ति के जीवन के किसी भी क्षेत्र में सफलता प्राप्त नहीं हो सकती।

भारतवर्ष के एक ग्राम कालड़ी में घटी एक सच्ची घटना इसका स्पष्ट उदाहरण है। हिन्दू धर्म के प्रचारक स्वामी शंकरानन्द की जन्मभूमि है-कालड़ा ग्राम। बहुत पहले की बात है उस गांव में ईसाई धर्म का प्रचार जोरों पर था। बड़ी संख्या में लोग ईसाई धर्म अपनाकर ईसाई बन रहे थे। हिन्दुओं को इतनी बड़ी संख्या में ईसाई बनते देख कुछ हिन्दू धर्म के सुधारकों के मन में बड़ी ठेस लगी। उन्होंने

हिन्दुओं को ईसाई बनने से रोकने के लिए ग्राम में एक आम सभा कर लोगों को समझाने की योजना बनाई। सभा में प्रवचन करने के लिए एक विद्वान महात्मा को बाहर से आमंत्रित किया गया। दूसरी ओर उनके विरोधियों ने उस सभा को भंग करने के लिए योजना बना ली।

निश्चित दिन सभा की कार्यवाही शुरू हुई। जब महात्मा अपना प्रवचन देने के लिए मंच पर खड़े हुए तो एकदम उनके विरोधियों ने पूर्व योजना के अनुसार ईंट-पत्थर मंच पर फेंकने शुरू कर दिए। सभा में आए लोगों में घबराहट फैल गई और सभा के आयोजकों का भी रंग उड़ने लगा। लेकिन लोगों को यह देखकर बड़ा आश्चर्य हुआ कि ईंट-पत्थरों की वर्षा के बीच भी महात्मा अडिग खड़े प्रवचन कर रहे थे। उनके लिए मानो वे ईंट-पत्थर नहीं बल्कि पुष्प वर्षा हो रही हो। तमाम प्रहारों को सहते हुए वे मुस्कराते रहे। पर उनका शरीर कब तक उन पत्थरों की मार सह सकता था। उनके शरीर से रक्त बहना शुरू हो गया और थोड़ी देर बाद अत्यन्त शक्तिहीन होकर महात्माजी मंच पर गिर पड़े। उन्हें मूर्छा आने लगी थी। लेकिन मूर्छित होने से पूर्व उन्होंने पूरे साहस के साथ गर्जना की- ठीक है अगर तुम्हारी यही इच्छा है तो अब से मैं यहीं रहूंगा और तब तक यहां से नहीं हिलूंगा जब तक यहां फिर से हिन्दू धर्म का उद्धार नहीं हो जाये।

महात्माजी उसी ग्राम में ठहर गए। इस भयंकर घटना से प्रभावित होकर उन्होंने अपने मन में वहां के लोगों में हिन्दू-धर्म में पुनः आस्था जाग्रत करने का दृढ़ निश्चय कर लिया था। घर-घर घूमकर उन्होंने लोगों में हिन्दू धर्म के प्रति आस्था और विश्वास का संचार किया। उनकी सूझ-बूझ और परिश्रम का परिणाम यह हुआ कि लोगों ने उनके उपदेशों को सुनकर उन पर आचरण करना शुरू कर दिया। धीरे-धीरे वहां बने सब ईसाई हिन्दुओं ने फिर से अपने धर्म को अपना लिया। वहां पर रामकृष्ण परमहंस आश्रम की भी स्थापना की गई और सब हिन्दू अपने धर्म का पालन करने लगे।

समृद्धि और सफलता पाने का यही रास्ता है। अपनी इच्छा शक्ति और सफलता के दृढ़ विश्वास के बल पर ही मनुष्य अपूर्व सफलता प्राप्त कर सकता है।

अपनी शक्तियों का पूरा लाभ उठाकर इच्छित सफलता पाने के लिए नवीन विचारधारा ने समृद्धि के इस सिद्धान्त को समझकर अपने जीवन में अपूर्व सफलता पा ली है। जबकि दूसरे लोग अभी भी अभावों से घिरे निराशा का जीवन व्यतीत कर रहे हैं। नवीन विचारधारा की मानसिक दशा निर्धनता में भी वैभव की आशा और विश्वास को लेकर चलती है, जबकि दूसरी ओर पुरानी विचारधारा के अनुसार मन में सदा निर्धनता का अंधकार ही छाया रहता है। इसमें सुन्दर भविष्य की कल्पना ही नहीं होती। जब मनुष्य सुन्दर भविष्य की कल्पना ही नहीं करेगा, सोचेगा ही नहीं तो, न तो उसके मन में कोई उत्साह ही होगा और न ही वह प्रयत्न करेगा। नवीन और पुरानी विचारधारा में यही बुनियादी अन्तर है।

यह ठीक है कि केवल आशा और विश्वास रखने से ही गरीबी दूर नहीं हो जाती, परन्तु तब उसे उसमें निराशा और वेदना का दुःख भी नहीं होता और साथ ही व्यक्ति को अपना लक्ष्य स्पष्ट दिखाई देता है। आशा रहित निर्धनता के समक्ष तो कोई भविष्य ही नहीं होता। आशारहित निर्धनता ही मनुष्य के जीवन का तमाम उल्लास और आनन्द छीनकर मनुष्य को पूरी तरह से निर्धन बना देती है।

घने जंगल में जब व्यक्ति को रास्ते का ज्ञान नहीं होता तब वह भटक जाता है। वह इधर-उधर व्यर्थ ही घूमता है। वह नहीं जानता कि किधर जा रहा है। यदि उसके पास तब दिशासूचक यंत्र (कम्पास) भी न हो और सूर्य को देखकर ठीक दिशा को मालूम करने का ज्ञान न हो तब वह वहीं चक्कर काटता रहेगा और सोचेगा कि वह तो आगे बढ़ रहा है। उसे अपनी गलती का अहसास तब होता है जब वह थक जाता है और जंगल से बाहर नहीं निकल पाता। ऐसी स्थिति में वह निराश होकर बैठ जाता है। ठीक यही हालत उन हजारों व्यक्तियों की हो रही है जो गलत विचारों के जंगल में भटक रहे हैं। वे भी सुख-समृद्धि की अपनी मंजिल की ओर आगे नहीं बढ़ रहे, उन्हें भी रास्ते का ज्ञान नहीं है। जीवन में वे भी सही रास्ते से भटककर निराश हो रहे हैं। वे नहीं जानते कि गलत तरीके से जीवन को जीने के विचारों की ही वजह से वे भटक रहे हैं-निराश हो रहे हैं।

यदि तमाम निराश व्यक्ति यह समझ लें कि उनके भटकाव का कारण उनका अपना ही मन है। अपने ही गलत विचारों के कारण वे निर्धनता और अभाव के

घने जंगल से नहीं निकल पा रहे हैं। जो पाना तो कुछ और चाहते हैं, सोचते उसके विपरीत ही हैं। चाहते कुछ और हैं करते कुछ और हैं। यदि यह बात समझ में आ जाये तो मानव जीवन में क्रांति आ जाये और वह सही दिशा में सोचना शुरू कर दें।

ऐसे युवक की कल्पना करो जो पढ़कर डॉक्टर बनना तो चाहता है, लेकिन उसके हृदय में दूसरी तरह के विचार हैं। वह सोचता है- "मैं कुशल डॉक्टर नहीं बन सकता, क्योंकि उतनी योग्यता मेरे अन्दर नहीं आ सकेगी। मुझे तो डॉक्टरी के बारे में ज्यादा ज्ञान भी नहीं है और होगा भी नहीं। मुझे संदेह है कि मैं डॉक्टर बन भी सकूंगा या नहीं। लेकिन मैं कोशिश करता हूं।"

क्या आप समझते हैं कि इस तरह की सोच वाला युवक जिसे अपनी सफलता पर सन्देह और जिसका मन कायरतापूर्ण विचारों से भरा हो, वह कभी सफल डॉक्टर बन सकता है?

निःसंदेह कभी नहीं बन सकता। डॉक्टर तो वही युवक बन सकता है जिसमें आशा और उत्साह के साथ-साथ अपने डॉक्टर बनने का अटूट विश्वास हो। जिसे विश्वास हो कि भविष्य में वह अवश्य ही एक योग्य डॉक्टर बनेगा। उसके मन में हमेशा सफल डॉक्टर बनने के सपने होंगे और होगी सफल प्रैक्टिस करने की कल्पना, तभी उसे सफलता मिलेगी।

किसी व्यक्ति के लिए भी सफलता पाने की यही कुंजी है। इसी रहस्य को समझकर कोई व्यक्ति अपनी गरीबी से छुटकारा पाकर धनवान बन सकता है। यदि आप इस निर्धनता की बीमारी से छुटकारा पाना चाहते हैं तो अपना इलाज इस प्रकार करिए।

मैं ईश्वर-संतान हूं संसार का समस्त वैभव तो मुझे उत्तराधिकार में प्राप्त हुआ है। मेरे इस अपार वैभव को निर्धनता छू भी नहीं सकती। मेरे परमपिता की सम्पूर्ण सम्पत्ति का मैं ही मालिक हूं। बीमारी और निर्धनता क्षणिक और असत्य है। ईश्वर पुत्र के लिए संसार में कुछ भी तो अप्राप्य नहीं है। निर्धनता, अभाव, दुःख मेरे समीप तो आ ही नहीं सकते। मेरे जीवन में निर्धनता के लिए कोई स्थान नहीं है।

शारीरिक रोगियों के लिए जितनी अस्पतालों की आवश्यकता है उतनी ही मानसिक निर्धनता के रोगियों के लिए शिक्षण केन्द्रों की। अफसोस की बात है

कि राज्य सरकारें ऐसे शिक्षण-संस्थान नहीं खोलती जिनमें मानसिक निर्धनता के रोगियों को सही शिक्षा द्वारा उपचार प्राप्त हो सके। ऐसे केन्द्रों से हजारों लोगों को निर्धनता से छुटकारा मिल सकता है। इस तरह के मानसिक उपचार से, अनेक निराश जीवनों में नई आशा के अंकुर फूटेंगे और संसार के निर्धन व्यक्तियों के निराशा से भरे जीवन में क्रांतिकारी परिवर्तन आ जाएगा।

थोड़े दिन पहले मुझे एक ऐसे व्यक्ति से बातचीत करने का अवसर मिला जो कुछ दिन पहले तक बड़ी दयनीय हालत में जीवन-यापन कर रहा था। गरीबी के कारण वह अपनी स्त्री एवं बच्चों के लिए भरपेट रोटी की भी व्यवस्था नहीं कर पा रहा था। उसके पास घर का भी अभाव था। बड़ी गरीबी का जीवन जी रहा था। लेकिन आज वह ठाट-बाट और वैभव सम्पन्न था। शानदार कोठी, कार आदि सभी विलासिता के साधन उसके पास उपलब्ध हैं।

एकदम यह परिवर्तन कैसे हो गया? क्या कोई सोने की खान मिल गई अथवा कोई जागीर मिल गई? ऐसा कुछ नहीं हुआ, अचानक उसे कुछ भी नहीं मिला। उसने केवल इतना समझ लिया कि उनकी निर्धनता उनके अपने मन की बनाई हुई है। बस उसने अपने मन से गरीबी और अभाव के विचारों को निकाल देने का निश्चय कर लिया और यह पक्का इरादा बना लिया कि चाहे कितनी भी बुरी दशा क्यों न हो, वे सदा हंसते हुए उसका सामना करेंगे और अपने आपको कभी गरीब अनुभव नहीं करेंगे और सचमुच जब उसने मन में बसी निर्धनता को अपने मन से दूर भगा दिया तो उसकी निर्धनता भी दूर चली गई। आज उसके पास किसी चीज का अभाव नहीं है। सभी तरह से प्रसन्न और सुखी है।

जिन व्यक्तियों ने जीवन के इस रहस्य को समझ लिया है, वे निरन्तर अपने मन को आशा और उत्साह भरे विचारों से पूर्ण रखते हैं ताकि निराशा और गरीबी की छाया भी उनके जीवन तक न पहुंच पाए। इसीलिए सुखी जीवन जीते हैं।

असफलता और निराशा के विचारों का मन में होना सुख और समृद्धि के विरुद्ध है और आपकी सफलता में बाधक है इसलिए मन में सदा उत्साह बनाए रखिए और निरन्तर सुख और समृद्धि की कामना करते रहिए।

आप उस राजकुमार के बारे में क्या सोचते हैं जो अपने पिता के वैभव से सम्पन्न महल को ठुकराकर किसी झोपड़ी में अभाव का जीवन जीने लग जाये

और यही सोचने लगे कि उसके तो भाग्य में इतना ही लिखा था, उसके लिए तो निर्धनता का ही जीवन है सुख का नहीं, तो उसके पिता का क्या दोष है। दोष तो उसका अपना ही है। उसके पिता के महल में तो सुख की हर वस्तु उपलब्ध थी, उसे ठोकर तो उसने स्वयं मारी है।

इसी मूर्ख राजकुमार की तरह हममें से अनेक लोगों ने परमपिता परमात्मा के वैभवशाली महल (सुन्दर संसार) से स्वयं को अलग किया हुआ है। संसार के अतुल भंडार, अपार सुख की खानें सभी कुछ तो तुम्हारी राह देख रहे हैं। संसार की इस सम्पत्ति को भोगने का आपको पूरा अधिकार है। आप अपने अधिकारों को प्राप्त क्यों नहीं करते, लेते क्यों नहीं। आप जब तक उन्हें भोगेंगे नहीं वह आपको कैसे मिलेंगे?

सौन्दर्य से परिपूर्ण यह संसार आपका है, इसकी सभी वस्तुएं आपकी हैं। इन्हें पाने के लिए मन में पूरी तरह से विश्वास मानकर आगे बढ़ो, उन्हें पाने का प्रयत्न करो। सृष्टिकर्ता ने तुम्हारे सुख के लिए समृद्धि के लिए सब कुछ जुटा दिया है।

प्रतिदिन बाइबिल के अनुसार मन में दोहराते रहो- "ईश्वर पर मेरा पूरा यकीन है, मुझे विश्वास है वह मेरी सहायता अवश्य करेगा। क्योंकि मैं उस परमपिता की संतान हूं। मुझे कोई अभाव नहीं सता सकता।" हर दिन ही प्रातः इन्हीं भावनाओं को अपने मन में लाओ। संसार की प्रत्येक वस्तु विरासत से आपकी है। उसको पाने के लिए विश्वास के साथ प्रयत्न करो। तुम्हारी मांगी हुई वस्तु तुम्हें अवश्य मिल जायेगी।

सच्ची समृद्धि मन की समृद्धि से आती है। मन में आशा और उल्लास से ही समृद्धि की ओर आकर्षण पैदा होता है और मन में विश्वास जागने से व्यक्ति परिश्रम द्वारा उसे प्राप्त कर लेता है। जब हम अपना नाता उस परमपिता से जोड़ लेते हैं जो सृष्टि का रचयिता है, तब सारा सौंदर्य, सारी सम्पत्ति जीवन में उमड़ पड़ती है।

5. मस्तिष्क को मजबूत बनाएं

मनोवैज्ञानिक चिकित्सा का तो आधार हो यह है कि बुद्धि केवल मस्तिष्क में ही नहीं रहती अपितु शरीर के सभी जीवाणुओं में रहती है।

प्रायः हम शरीर को विभिन्न अंगों का समूह मानते हैं और समझते हैं कि शरीर का प्रत्येक भाग स्वतंत्र तथा दूसरे भाग से अलग होता है। बुद्धि केवल मस्तिष्क तक ही सीमित होती है। उसी से सारा शरीर संचालित होता है; किन्तु सच्चाई यह है कि हमारा शरीर अनेक संगठित जीवाणुओं का समूह है। प्रत्येक अणु स्वतंत्र रूप से सोचता है और पूरे शरीर के निर्माण में वे सभी अणु मिलकर कार्य करते हैं।

शरीर के अणु-अणु में बुद्धि व्याप्त है, इस बात को नवीन विज्ञान ने सिद्ध कर दिया है। बुद्धि केवल मस्तिष्क तक ही सीमित नहीं है। सभी अणु सोचते हैं। प्रयोग द्वारा यह सिद्ध किया जा चुका है कि यदि शरीर के किसी अंग को काटकर उसे किसी घातक औषधि के नजदीक रख दिया जाये तो जहां तक सम्भव हो सकता है जीवाणु उससे दूर जाने का प्रयास करते हैं। इसके विपरीत यदि कोई लाभदायक औषधि उस कटे हुए अंग के पास रखें तो अणु उसके नजदीक खिंच आते हैं। इसी बात से यह सिद्ध हो जाता है कि ये अणु अपने ज्ञान का परिचय देते हैं।

अभी तक हम मस्तिष्क को ही बुद्धि का एकमात्र स्थान मानते आ रहे हैं। इसलिए यह मानना बड़ा कठिन लगता है कि ज्ञान अथवा सोचने की शक्ति केवल मस्तिष्क के पास ही नहीं होती, बल्कि शरीर के सम्पूर्ण अंगों और जीवाणुओं में भी होती है। वास्तव में हमारा सम्पूर्ण शरीर सोचता है। हमारे मन में आये विचारों, भावों का, जैसे आशा, निराशा, भय अथवा शोक का प्रभाव हमारे पूरे शरीर पर पड़ने का कारण ही यह है कि हमारा शरीर और उसका प्रत्येक अणु सोचता है।

मनोवैज्ञानिक चिकित्सा का तो आधार ही यह है कि बुद्धि केवल मस्तिष्क में ही नहीं रहती अपितु शरीर के सभी जीवाणुओं में रहती है। उदाहरण के लिए-एक अंधा व्यक्ति अपनी समझ का काम अपनी उंगली के स्पर्श से लेता है। दिमाग में पाए जाने वाले श्वेत जीवाणु अंधे व्यक्ति की अंगुलियों के पोरों पर देखे जाते हैं। यानी मस्तिष्क के जीवाणु अन्धे व्यक्ति की अंगुलियों पर उत्पन्न हो जाते हैं।

जब मस्तिष्क नींद में होता है तब निष्क्रिय रहता है। उस हालत में हृदय की धड़कन चलाते रहने के लिए कोई दूसरा मस्तिष्क कार्य करता है यानी उस अंग के जीवाणु अपनी समझ से उसे चालू रखते हैं। कई दुर्घटनाओं में मस्तिष्क में चोट लग जाने की वजह से मस्तिष्क के बहुत-से तन्तु नष्ट हो जाते हैं। लेकिन सोचने की शक्ति बनी रहती है। उस पर अधिक प्रभाव नहीं पड़ता। केवल इतना ही नहीं, कई बार मस्तिष्क में गहरी चोट लगने के कारण बहुत-से हिस्से मिट जाते हैं, तो भी मस्तिष्क पहले की तरह काम करता रहता है। शरीर की सब स्वाभाविक क्रियाएं-चलना, देखना आदि जीवाणुओं के द्वारा ही होती है। हम हर कदम आगे रखते हुए नहीं सोचते बल्कि प्रत्येक कदम स्वतः ही आगे बढ़ता जाता है। इससे यह स्वतः सिद्ध हो जाता है कि प्रत्येक अणु स्वतंत्र रूप से सोचता है।

एक वैज्ञानिक ने मेंढक पर प्रयोग किया-उसने एक मेंढक का सिर काट दिया और बाद में उसकी टांग के निचले भाग पर तेजाब की एक बूंद डाल दी। तब सिरहीन मेंढक उसी टांग के ऊपर के भाग से उस बूंद को हटाने का प्रयास करने लगा। वैज्ञानिक ने सिर के बाद वह पांव भी काट दिया, जब मेंढक पहले पांव से काम न होता हुआ देख दूसरे पांव से उस तेजाब की बूंद को हटाने का प्रयास करने लगा और हटा लेने तक लगातार कोशिश करता ही रहा।

इस मनोरंजक प्रयोग से यह पता चलता है सम्पूर्ण शरीर में सोचने, विचार करने की शक्ति है और समझदार मस्तिष्क के न होने पर भी कार्य कर सकता है।

यह सच है कि मस्तिष्क के जीवाणु शरीर के शेष जीवाणुओं से अधिक समझदार और अनुभवी होते हैं। इसी कारण वे बाकी जीवाणुओं के प्रधान कहे जाते हैं। लेकिन मस्तिष्क, शरीर के छोटे-से भाग का कार्य संचालित करता है। शेष भाग का, अर्थात सब स्वाभाविक क्रियाओं का संचालन मस्तिष्क से नहीं होता। शरीर की रासायनिक प्रयोगशाला दिमाग के बिना भी अपने समझदार जीवाणुओं की मदद से सब काम करती है।

वास्तव में जीवाणु-मस्तिष्क का ही महत्त्वपूर्ण हिस्सा है। प्रत्येक जीवाणु मानो एक छोटा स्टेशन है जो मस्तिष्क रूपी बड़े स्टेशन से जुड़ा हुआ है। इसीलिए मन में प्रेम, ईर्ष्या या क्रोध का भाव तुरन्त जीवाणुओं में भी झलक पड़ता है। मन यदि प्रसन्न है तो प्रत्येक जीवाणु कष्ट अथवा क्रोध अनुभव करता है। इसका प्रत्यक्ष प्रमाण यह है कि जब भी हमारे मन में आशा और प्रसन्नता भरी होती है तब हमारा शरीर भी हल्का, स्वस्थ और काम करने को उत्सुक होता है; किन्तु जब मन में निराशा के बादल छाए होते हैं तब शरीर मानो थका-थका बलहीन हो जाता है। उस स्थिति में मन में काम करने की इच्छा नहीं होती और शरीर अशक्त हो जाता है।

डॉक्टर क्वेली का कहना है कि पशुओं में उनकी आवश्यकता के अनुसार परिवर्तन आया है। जिराफ की गर्दन लम्बी होने का कारण यह है कि जिराफ के पूर्वजों को खाने के लिए घास की बजाय पेड़ों की पत्तियों पर निर्भर रहना पड़ता था। तब उसके समझदार अणुओं ने सोच-विचार कर उसे अपनी चार टांगों पर ऊंचा उठाना शुरू कर दिया। गर्दन में आये खिंचाव के कारण उसकी गर्दन लम्बी हो गई। इसी प्रकार हाथी जाति के अणुओं ने आवश्यकता के अनुसार उसकी नाक के नमूने को बढ़ाकर सूंड़ का रूप दे दिया और उसके सिरे पर छोटी उंगली-सी लगा दी।

शरीर को बढ़ाने वाले अणु स्वयं आकार में नहीं बढ़ते। अणु तो केवल आगे-आगे अधिक भागों में बंटते और संख्या में बढ़ते जाते हैं। इसी से शरीर का विकास होता है। प्रोफेसर का मानना है कि अणुओं की वृद्धि और अनुभव को

आप अच्छी तरह देख सकते हैं। अपने पूर्वजों से यह गुण इनको विरासत में मिले हैं। हरेक अणु अपने अधीन छोटे-छोटे अणुओं को यह गुण विरासत में देता रहा है। इसी क्रम से ये गुण आगे चलते आए हैं।

सर्जनों का कहना है कि युद्ध में महान विजय प्राप्त करने के बाद युद्ध में घायल हुए सैनिकों के घाव जली भर जाते हैं जबकि युद्ध में पराजित हुई सेना के घायल सैनिकों के घाव देर से भरते हैं। इस बात से स्पष्ट संकेत मिलता है कि मन के उल्लास और विजय की खुशी की भावना शरीर को स्वस्थ रखने में सहायक होती है।

बहुत पहले ही डॉक्टरों ने इस बात का पता लगा लिया था कि किन्हीं प्रकार के नासूरों के जन्म लेने का प्रमुख कारण-मानसिक निराशा है। इसलिए जिनके शरीर में नासूर होने की आशंका भी न हो उनमें भी, मन में आए भावों के कारण नासूर के लक्षण प्रकट हो जाते हैं। उदाहरण के लिए-युद्ध के कारण दुःखी व्यक्तियों में इस बीमारी के लक्षण बहुत जल्दी उत्पन्न होते देखे गए हैं। अपने प्रियजनों की मौत के शोक के कारण उनमें इस रोग के लक्षण बन जाते है।

मन में उत्पन्न हुए ईर्ष्या या घृणा के भावों का प्रभाव अनेक प्रकार की बीमारियों के रूप में शरीर पर पड़ता है। उनमें से-चर्मरोग, जिगर का रोग, अजीर्ण या दिल-दिमाग के रोग प्रमुख हैं। दुर्भावों से खून में जहर-सा घुलता रहता है, जो शरीर की शक्ति और साहस को धीरे-धीरे नष्ट कर देता है और परिणामस्वरूप बीमारियां पैदा हो जाती हैं।

हमें इस बात का रत्ती भर भी ज्ञान नहीं है कि हमारे मन में आई निराशा या चिन्ता का, हमारे शरीर पर कितना बुरा प्रभाव पड़ता है? प्रत्येक डॉक्टर इस बात को अच्छी तरह जानता है कि रोगी व्यक्ति के स्वास्थ्य के लिए चिन्ता, निराशा और अकेलापन से बढ़कर घातक और कुछ नहीं है। हम निराशा या शोक के विचार लाते समय यह नहीं सोचते कि हम अपने स्वास्थ्य की कितनी ज्यादा हानि कर रहे हैं। चिन्ता या निराशा के विचारों के कारण शरीर के प्रत्येक जीवाणु का साहस और शक्ति क्षीण हो जाती है। इसके फलस्वरूप शरीर में अराजकता और अशांति फैल जाती है। इसी कारण किसी बुरी खबर को सुनकर अथवा किसी प्रियजन की मौत से कई लोग बेहोश हो जाते हैं। इसका मतलब है कि शोक का प्रभाव केवल मन पर ही नहीं पड़ता है बल्कि सारे शरीर पर पड़ता

है। उसी भांति किसी प्रसन्नतावर्द्धक सूचना के मिलने पर या किसी आने वाली खुशी की आशा में सम्पूर्ण शरीर पर ऐसा प्रभाव पड़ता है कि शरीर का रोम-रोम खिल उठता है, शरीर में नई ताजगी अनुभव होती है।

शरीर के निर्माण में लगे जीवाणु ही शरीर को बनाते हैं और उसकी मरम्मत का काम करते हैं। उदाहरण के लिए जब हमारे शरीर में कहीं घाव हो जाये, तब हम मस्तिष्क द्वारा जीवाणुओं को कोई सन्देश नहीं देते कि उस घाव को भरकर ठीक करो, बल्कि जीवाणु स्वयं ही उस घाव को भरने का प्रयत्न करने लगते हैं। क्योंकि वे ही शरीर के निर्माता हैं।

प्रोफेसर क्वेली का कहना है कि शरीर के प्रत्येक भाग में छोटे समझदार जीवाणुओं का समूह काम में लगा रहता है। वे इस मनोरंजक सिद्धान्त को भी मानते हैं कि मनुष्य के शरीर का असली निर्माता तो वह सबसे छोटा जीवाणु ही होता है।

कई प्रगतिशील वैज्ञानिकों का कहना है कि शरीर के हर एक अंग में रहने वाले जीवाणुओं का अपना अलग दिमाग होता है जो प्रत्येक अंग की गतिविधि को देखता है और नियंत्रण करता है। ऐसे अलग-अलग मस्तिष्क, पेट, जिगर और दिल आदि के मुख्य नियंत्रक मस्तिष्क के आदेश पर चलते हैं। शरीर में प्रत्येक जीवाणु अपने समूह के लिए कार्य करता है। उदाहरण के लिए जिगर के जीवाणुओं को लीजिए-इस अंग का काम है-जहर दूर करना और शक्कर का उत्पादन करना। जिगर में उपस्थित सभी जीवाणु समूह बनाकर इस कार्य में लगे रहते हैं।

यदि किसी कारणवश रक्त में जहर बन जाये तब कमजोरी का अनुभव होता है। भोजन की पाचन क्रिया में लगे उस अंग के जीवाणु काम नहीं करते, तब भोजन ठीक से पचता नहीं है और दुर्गन्ध तथा विष पैदा हो जाता है। परिणाम यह होता है कि शरीर के सारे जीवाणु अव्यवस्थित हो जाते हैं। रक्त-चाप धीमा पड़ जाता है और हृदय गति भी रुक-रुककर चलती है। शरीर की समस्त नाड़ियां शक्तिहीन हो जाती हैं। किसी काम को करने का उत्साह नहीं होता। शरीर पूरी तरह से प्रभावित हो जाता है। तब शरीर के सब जीवाणु शक्ति के लिए प्रयत्न करते हैं और मस्तिष्क पर दबाव डालते हैं। शरीर की सामान्य प्रक्रिया में अवरोध की सूचना पाते ही मस्तिष्क विचार करता है कि शरीर के आलस्य से

घिरे रहने का अर्थ है वही विकार और इसके बाद बीमार होकर डॉक्टर के पास पहुंच जाते हैं। यदि साधारण दवा से कोई लाभ नहीं होता तब आपको यह भय हो जाता है कि सम्भवतः कोई भयानक रोग शरीर को लग गया है। बीमारी के भय के विचार शरीर को और भी शक्तिहीन बना देते हैं। शरीर को ताकत देने के लिए जहां पुष्टिदायक भोजन की आवश्यकता होती है, आप उसे अज्ञानतावश दवाओं के सेवन करने से और भी खराब कर लेते हैं।

हम अपनी अज्ञानतावश कोई गलती न कर बैठें इसलिए प्रकृति हर तरीके से हमारे शरीर की सहायता करती है। शरीर का प्रत्येक जीवाणु भी इस काम में पूरी शक्ति से सहायता करता है।

प्रोफसेर अलैक्जेन्डर ग्राहम बेल ने मुझे बताया कि-ठंडे मौसम में जब हालीफिक्स में घोड़े पर लम्बे सफर पर जाता था तो अपने पैरों को गर्म करने के लिए अपना सम्पूर्ण ध्यान पैरों पर ही केन्द्रित रखता था। यदि शरीर के किसी विशेष अंग पर अपना पूरा ध्यान केन्द्रित किया जाये तो उस अंग के लिए अधिक रक्त आ जाता है। रक्त के दौर को तेज करने का यह तरीका इतनी बार इस्तेमाल किया गया है कि अब किसी वैज्ञानिक को भी इस पर सन्देह नहीं रह गया है। रक्त सदा मन के विचारों का अनुकरण करता है।

किसी बीमारी की आशंका अथवा भय का विचार शरीर के उस भाग में सिकुड़न पैदा कर देता है और डर की वजह से वहां उसी आशंकित बीमारी के लक्षण दिखाई देने लगते हैं।

एक स्वस्थ महिला को उसकी एक सहेली ने बताया कि टी.बी. का रोग माता-पिता की ओर से संतान को अवश्य होता है। चूंकि उसके पिता को टी.बी. का रोग था इसलिए उसे भी वह भयानक रोग अवश्य ही हो जायेगा। जब से उस महिला ने अपनी सहेली की बात सुनी, उसे अपने स्वास्थ्य के प्रति आशंका रहने लगी। अब जब भी वह ठंडे मौसम में घूमती या उसके पैर गीले हो जाते-तुरन्त उसे अपनी सहेली की बात याद आ जाती। टी.बी. की बीमारी के विचार उसके मस्तिष्क में घूमते रहते हैं। इस बीमारी का सम्बन्ध अधिकार फेफड़ों से ही सम्बन्धित होता है इसलिए वहां सिकुड़न पैदा होने लगी। उसे खांसी भी आने लगती है। धीरे-धीरे उसके मन में बीमारी का भय जड़ जमा लेता है। इससे उसकी भूख-प्यास भी कम होने लगती है। ठीक से भोजन न

करने और पौष्टिक आहार के अभाव में शरीर की शक्ति भी घटने लगती है। इस तरह उसका अच्छा-भला स्वास्थ्य बिगड़ जाता है।

उसके चिन्ताग्रस्त मन को विश्वास हो जाता है कि उसे टी.बी. हो गई है। इस रोग से पीड़ित रोगी को अपना वजन तौलते रहने की आदत बन जाती है। उसके मन के विचारों का प्रभाव उसके शरीर की पाचन क्रिया पर, रक्त-चाप पर भी पड़ता है। परिणामस्वरूप उसका स्वास्थ्य गिरता जाता है। उसके चेहरे का रंग भी पीला पड़ने लगता है। उसके विश्वास के अनुरूप शरीर के सभी जीवाणु टी.बी. के रोग को स्वीकार कर लेते हैं और अब उसके जीवित रहने की आशा समाप्त हो जाती है। इसी तरह अनेक लोग केवल अपने मन के विचारों के कारण ही अपने स्वास्थ्य से हाथ धो बैठते हैं।

शरीर को स्वस्थ रखने के लिए आवश्यक है कि हम विचारों को स्वस्थ रखें। जीवाणुओं को अपने-अपने कार्य को सुचारु रूप प्रदान करने के लिए प्रसन्नता और विश्वास की बड़ी आवश्यकता होती है। क्योंकि हमारे विश्वासों, हमारे विचारों का प्रभाव शरीर के अंगों और जीवाणुओं पर पड़ता है। ऐसी स्थिति में हमारे विचार सोच, आशा और उल्लास से भरे रहने चाहिए। ऐसा करने से हमारा जीवन खुशियों से भरा रहेगा और स्वास्थ्य सदा बलवान।

प्रत्येक जीवाणु का प्रभाव दूसरे जीवाणु पर अवश्य पड़ता है, क्योंकि समस्त जीवाणु एक-दूसरे से सम्बन्धित होते हैं। सोचो, यदि आपको बड़ी तेज भूख लगी है और आप भोजन करने के लिए बैठे हैं, तभी अचानक आपको एक टेलीग्राम मिलता है जिसमें आपके किसी आत्मीय की मृत्यु की सूचना है। उस खबर को पढ़ते ही एकदम आपकी भूख खत्म हो जाती है, क्योंकि भूख बढ़ाने वाले जीवाणु एकदम मृतप्राय: हो जाते हैं। इसी तरह हृदय और दूसरे अंग भी शिथिल हो जाते हैं और सहम जाते हैं। इस भयानक सूचना के मिलते ही सभी अंग अपना-अपना कार्य करना छोड़ देते हैं। इससे ज्ञात होता है कि जो बात मन में आती है, उसका प्रभाव शरीर के तमाम जीवाणुओं तक पहुंच जाता है।

विचारणीय बात तो यह है कि ऐसा व्यक्ति, जो हर समय अपने शरीर के अंगों व जीवाणुओं की शक्ति पर सन्देह करता है, उनके कार्य से निराश रहता है। तब उसके शरीर के जीवाणु किस तरह प्रसन्नता को बनाए रखकर अपना-अपना

कार्य कर सकेंगे। ऐसा व्यक्ति अपने हीन विचारों की वजह से अपने शरीर को कैसे स्वस्थ रख सकता है।

शरीर को स्वस्थ और बलवान बनाने के लिए जहां पौष्टिक आहार की जरूरत है, वहीं अच्छे स्वास्थ्य के विचार और विश्वास की भी बड़ी आवश्यकता हे। आपके आशा और विश्वास की भी आवश्यकता है। आपके आशा और विश्वास का सीधा प्रभाव आपके शरीर के जीवाणुओं पर होगा और उनकी शक्तियां लौट आयेंगी और प्रसन्नतापूर्वक उत्साह से अपने कार्य में लगकर वह शरीर में नई ताजगी और स्फूर्ति भर कर स्वास्थ्य प्रदान करेंगी।

सृष्टि के कण-कण में ईश्वर का प्रकाश फैला है। ईश्वर की सत्ता को अपने शरीर के हर अणु में व्याप्त समझो। ईश्वर से एकाकार की भावना आपके जीवन की अपार शक्ति बन जायेगी। आपका शरीर स्वस्थ रहेगा और जीवन सुख-समृद्धि से परिपूर्ण।

ईसा ने कहा था- स्वर्ग और पृथ्वी भले ही मिट जायें किन्तु मेरे शब्द नहीं मिटेंगे।

शब्द, आत्मा की आवाज है। शब्द ही हमारे विचारों का मूर्तिरूप है, मुंह से कहे शब्द में अलौकिक शक्ति होती है जिसका प्रभाव हमारे मन पर पड़ता है। शब्द की शक्ति ही जीवन में प्राण बनकर निवास करती है। इसलिए मुंह से जो कुछ कहो अच्छी तरह सोच-विचार कर अपने हृदय में मंथकर कहो। विचार जब मुंह से निकलते हैं तो मन पर अमिट छाप छोड़ जाते हैं।

एडीसन से जब उसके मित्रों ने शराब पीने के लिए आग्रह किया तब वह उससे किस तरह बच सका, अपने अनुभव बताते हुए उसने लिखा है- मैंने सोचा, अच्छा हो पहले मैं विचार कर लूं क्योंकि मैं अपनी समस्त मानसिक एवं शारीरिक शक्तियों का पूरा-पूरा लाभ उठाना चाहता था। उन्नति में बाधक शराब को पीने से मैं अपने भविष्य को अंधकारमय बनाना नहीं चाहता था। अच्छी तरह सोच लेने के बाद मैंने दृढ़ निश्चय से कहा-मैं इस शराब को जो मानवता के लिए शत्रु है, हाथ भी नहीं लगाऊंगा।

सम्पूर्ण बाइबिल में शब्दों की महान शक्ति का महत्त्व बताया गया है। मुख से कहे शब्दों में जादू-भरी शक्ति होती है। अपने विचारों को शब्दों में कहने पर

शरीर की तमाम शक्तियां उसे पूरा करने में, कहे हुए शब्दों को मूर्तिरूप देने में जुट जाती हैं।

विजय के लिए दृढ़ शब्दों में की जाने वाली घोषणा सचमुच ही विजय का मूलमंत्र सिद्ध होती है। फ्रांस और जर्मन के युद्ध में फ्रांसीसी सेनापति जनरल पिटन ने, वेरडन के युद्ध में अपनी सेना को उत्साहित करते हुए कहा था-जर्मन सेनाएं फ्रेंच भूमि में प्रवेश नहीं कर सकतीं। सचमुच उसके शब्दों ने सम्पूर्ण सैनिकों के हृदय में एक अपूर्व साहस भर दिया था। उसके कहे गए एक-एक शब्द को सैनिकों ने आत्मसात कर लिया था। भयंकर बमबारी की परवाह किए बिना फ्रांसीसी सैनिक आगे बढ़ते गए। साक्षात् मृत्यु और कठोर कारावास के विचारों को दूर भगाते हुए वे उत्साह और आशा के साथ विजय पाने के लिए विश्वास के साथ जूझ रहे थे। उनके हृदय में सेनापति के शब्द गूंज रहे थे। जर्मन फ्रेंच भूमि में प्रवेश नहीं कर सकते। और सचमुच जर्मन सेना फ्रांस में प्रवेश नहीं कर सकी। एक जर्मन डॉक्टर के अनुसार युद्ध में शहीद हुए सैनिकों की कसी हुई मुट्ठियां अपने इस निश्चय को दोहराती प्रतीत होती थीं। वह शब्द का ही जादू था, जिसने हंसते-हंसते सैनिकों को फ्रांस की विजय के लिए अपने प्राणों की बाजी लगाने को प्रेरित किया था।

यदि आप भी इसी विश्वास के साथ कि आप अवश्य सफल होंगे, दृढ़ निश्चय कर लें तो असफलता आपके पास भी नहीं आयेगी। आप भी उन सैनिकों की भांति अपने जीवन के शत्रुओं पर विजय प्राप्त कर सकते हैं।

हमारे मन में जिस प्रकार के विचार होंगे, दूसरों के मन में भी हम उन भावों को भर सकते हैं। यदि हमारे मन में प्रेम और मित्रता के विचार हैं तो अपने शब्दों द्वारा दूसरे में भी हम उन्हीं भावनाओं को जमा देते हैं। इसके विपरीत यदि हमारे शब्दों में घृणा या द्वेष होगा तब सिवाय नफरत के हमें कुछ नहीं मिलेगा। प्रेम से प्रेम और घृणा से घृणा की प्रतिध्वनि होती है। अर्थात व्यावहारिक जीवन में सब कुछ हमारे कहे हुए शब्दों पर ही निर्भर करता है। यह हमारे अपने विचारों पर निर्भर है, चाहे हम शत्रुता या द्वेष प्रकट करें अथवा प्रेम और मित्रता। शब्द ही आपके लिए और दूसरों के लिए जीवन या मौत का सन्देश देते हैं। मन में जिस तरह की भावनाएं होती हैं, शब्द उनका वैसा ही अर्थ देते हैं।

ऐसे अनेक उदाहरण मिलते हैं कि किसी महात्मा पुरुष के उपदेश सुनकर कितने ही लोगों के मन पर इतना गहरा असर हुआ है कि उनकी जीवनधारा ही

बदल गई। मन में बोले गए शब्दों की उतनी प्रभावशाली प्रतिक्रिया नहीं होती जितनी मुख से बोले गए शब्दों की होती है। आप अच्छी तरह जानते हैं कि किसी महापुरुष के विचार पुस्तक में पढ़ने से उतना प्रभाव नहीं डालते जितना सुनने से प्रभाव पड़ता है। पुस्तक में लिखे शब्द पढ़ने के बाद हम भूल भी जाते हैं, लेकिन उन्हीं विचारों को सुनकर हम कभी नहीं भूल पाते, वह हमारे हृदय पर अमिट छाप छोड़ जाते हैं। यह एक मनोवैज्ञानिक सत्य है कि शब्द मन पर प्रभाव तो अवश्य डालते हैं, लेकिन उतना नहीं जितना उन शब्दों के सुनने से पड़ता है।

जब हमारे मन पर दूसरे की बात सुनकर प्रभाव पड़ता है तब अपने मन की बात को अपने मुख से कहने पर और ज्यादा असर हमारे मन और हृदय पर पड़ता है। अपने मुख से कहे हुए शब्दों पर दृढ़ रहकर हम व्यवहार में उन्हें निभाने का प्रयत्न करते हैं। इससे हमारे अनेक बुरे विचार खत्म हो जाते हैं।

भारतवर्ष में सिखों के गुरु और महान संत श्री नानकदेव जी के जीवन में घटी एक घटना के कारण एक डाकू का हृदय परिवर्तित हो गया। घटना कुछ इस प्रकार है-नानकदेव जी उपदेश देते हुए नगर-नगर और गांव-गांव का भ्रमण कर रहे थे। उनके शब्दों में अद्भुत जादू का जैसा चमत्कार था, जो भी उनके उपदेश सुनता, प्रभावित हुए बिना न रहता। अनेक व्यक्तियों ने उनके आदर्शों पर अमल करके अपने जीवन को सुधार लिया।

सदा की भांति एक दिन किसी गांव में नानकदेव जी प्रवचन कर रहे थे। उनके उपदेश सुनने के लिए आये लोगों में से अचानक एक आदमी आंसू बहाता हुआ नानकदेव जी के पास आया और उनके चरणों में गिर पड़ा। नानकदेव जी बड़े प्यार से उसे उठाकर उसके दुःख का कारण पूछा। उस व्यक्ति ने रोते हुए बताया कि वह एक डाकू है और अब से अपने शेष जीवन को सुधारना चाहता है। नानकदेव जी ने बड़े स्नेह से उससे कहा कि अब से डाके डालना बन्द कर दो और प्रतिज्ञा करो कि कभी चोरी नहीं करोगे और झूठ नहीं बोलोगे। डाकू ने स्वीकार कर लिया और वहां से चला गया।

अगले दिन वह गुरु नानकदेव जी के पास आया और बोला कि डाके डालना उसका स्वभाव बन गया है। इसलिए डाके डालना मैं नहीं छोड़ सकता, यह असम्भव है। मेरा डाकू स्वभाव मुझे डाका डालने के लिए विवश कर देता है। पर

वह यह भी चाहता था कि वह सद्मार्ग पर भी चले और सच भी बोले। गुरु नानकदेव जी सोच रहे थे कि बिना कपट और झूठ को त्यागने से डाकू का सुधार कैसे हो?

सहसा नानकदेव जी को एक उपाय सूझा। उन्होंने डाकू से कहा कि अपने स्वभाव के अनुसार वह सारे दिन जो भी काम करे उन्हें लिख ले और रोजाना शाम को उनकी सभा में आकर अपनी दिनचर्या को सबके सामने पढ़कर सुना दिया करे। डाकू को गुरुजी की यह बात बड़ी आसान लगी। उसने ऐसा करना स्वीकार कर लिया और चला गया।

दूसरे दिन गुरु नानकदेव जी उस डाकू की प्रतीक्षा करते रहे, लेकिन वह नहीं आया। तीसरे दिन भी नानकदेव जी उस डाकू की प्रतीक्षा करते रहे, लेकिन वह नहीं आया। तीसरे दिन भी नहीं और चौथे दिन भी नहीं आया। आखिर क्यों नहीं आया? उसके न आने का कारण यह था कि डाकू ने गुरु नानकदेव की बात स्वीकार तो कर ली थी और उसने अपने दिनभर के कामों को एक कागज पर लिख भी लिया था, लेकिन जब वह उस कागज को लेकर गुरु जी के पास जाने लगा तो उसकी हिम्मत न हुई वहां जाने की। वह अपने मन में सोचने लगा कि अपने बुरे कामों को सब लोगों के सामने कैसे सुनाएगा? इसी विचार ने उसे साहसहीन बना दिया, उसे स्वयं लज्जा आने लगी। कई दिन गुजर गए; किन्तु वह नानकदेव जी के पास नहीं आया। अन्त में उसने निश्चय किया कि अब से वह ऐसा कोई काम नहीं करेगा जिसे सबके सामने कहने से उसे शर्म महसूस हो। इस निश्चय के साथ ही उसकी जीवनधारा ही बदल गई। अब वह डाकू नहीं रहा। बल्कि एक नेक और ईमानदार की तरह जीवन व्यतीत करने लगा।

यदि हम दूसरों के सामने अपने शब्दों में कोई प्रतिज्ञा करते हैं या जीवन को सुधारने का संकल्प लेते हैं तो हमारे कहे हुए शब्दों का असर हमारे मन पर विशेष रूप से पड़ता है। यही शब्द की शक्ति है जो मनुष्य के जीवन में अमूल भूत परिवर्तन ला देती है और एक सामान्य व्यक्ति भी जीवन की ऊंचाइयों तक पहुंच जाता है।

हम अपने मन से भी बातें कर सकते हैं। हमारा मन हमारी बातों को सुनता और अमल करता है। यदि हम अपनी बात प्रकट रूप में शब्दों द्वारा कहते हैं तो

मन पर दोगुना ज्यादा प्रभाव पड़ता है। यह अनुभव से सिद्ध हो चुका है कि चरित्र और जीवन में प्रकट शब्दों की असीम शक्ति है।

बहुत-से व्यक्तियों ने अपने हृदय से बातें करके अपने जीवन को आशा और उत्साह से भर लिया है और निराशा पर विजय पाई है। ऐसे ही एक व्यक्ति को मैं जानता हूं जिसने अपने मन से बातें करके अपने जीवन को महान शक्तिशाली बना लिया था। कुछ वर्ष पहले वह बड़ा डरपोक और शर्मीला था। उसके मन में यह भ्रम पैदा हो गया था कि वह धोखेबाज है और अच्छा आदमी नहीं है। इसीलिए वह लोगों की भीड़ में जाने से डरता था और यदि उसे कोई बुलाता था तो शर्म की वजह से वह वहां जाता भी नहीं था। जबकि वह बहुत मेहनती और ईमानदार व्यक्ति था। उसमें आत्मविश्वास नाम की कोई चीज नहीं थी। अचानक उसे एक दिन नवीन विचारधारा नाम की एक पुस्तक मिल गयी। उस पुस्तक को पढ़ने से उसे मालूम हो गया कि स्वयं को उत्साह देने से अधिक शक्ति प्राप्त होती है। यदि शब्दों को प्रकट किया जाये तब और ज्यादा उत्साह मिलता है। उसने तभी से उस पुस्तक में दिये गए सुझावों पर अमल करना शुरू कर दिया। उसने अपने मन से बातें करने की आदत बना ली। कुछ ही दिनों में उसे अपने पूर्व के विचारों में भारी परिवर्तन दिखाई देने लगा। उसे अपनी शक्तियां विकसित होती अनुभव हुईं। दूसरे लोगों ने भी उसमें आ रहे बदलाव को महसूस किया। अब तो उसका वह भीरूपन जाता रहा था। आत्मविश्वास और साहस लौटने लगे थे। उसे अपनी योग्यता पर पूरा विश्वास हो गया था इसीलिए अब वह लोगों के बीच में रहकर भाषण भी करता रहा और सभाओं में उसे सभापति भी बनाया जाता।

प्रत्येक व्यक्ति के हृदय में अनेक प्रकार के शक्तिशाली सुझाव भरे रहते हैं, लेकिन वह उन सुझावों का मनन नहीं करते। यदि अपनी आत्मा के सुझावों को जगा दिया जाये, अर्थात् उन पर आचरण किया जाये तो बाहरी निर्बलता उनके आगे टिक नहीं सकती। अपनी भीतर की शक्तियों को जाग्रत करने से मनुष्य में अपूर्व शक्ति का संचार होता है। अपने अन्दर आत्मविश्वास पैदा करने के लिए अपने आत्म सुझावों पर दृढ़ता से विश्वास करो, इससे आपकी निराशा, सन्देह और भय की प्रकृति समाप्त हो जायेगी और आप उत्साही, निडर तथा सामर्थ्यवान बन जायेंगे।

यदि आपको ऐसा महसूस होता है कि आप जो काम करना चाहते हैं वह हो नहीं रहा है, उसके पूरा होने के मार्ग में कोई रुकावट है जिस कारण आप उन्नति नहीं कर पा रहे हैं-तो उस बाधा का पता लगाकर उसे दूर करने का प्रयास करो। अपने आपसे बातें करके आप उस बाधा को आसानी से मालूम कर सकते हैं। विचार-मंथन से दृढ़ निश्चय की भावना बलवती होती है। अपनी समस्त योग्यताओं एवं शक्तियों को समझते हुए स्वयं से अकेले में प्रश्न करो।

मैं क्यों साधारण-सा जीवन बिता रहा हूं? मेरे अन्दर क्या कमी है। क्या कारण है कि मेरे साथी मेरा साथ नहीं देते? मैं अपने लक्ष्य तक क्यों नहीं पहुंच रहा हूं। क्या मैं भीरू हूं। मेरी उन्नति के मार्ग में क्या-क्या रुकावटें हैं? मुझसे अयोग्य कितने ही आगे बढ़ गए और मैं आगे नहीं बढ़ पाया, इसका क्या कारण है?

अपने गुण और दोषों को ठीक से समझने के लिए एक सूची तैयार करो। अपनी कमजोरियों अथवा दोषों की सूची बनाते समय हृदय की सच्चाई से विचार करो। क्योंकि मनुष्य का कोई भी दोष ऐसा नहीं है जिसे दूर न किया जा सके। कोई भी व्यक्ति जब तक अपनी कमजोरियों को, दोषों को ठीक से नहीं समझेगा तो उसे दूर करने का रास्ता भी नहीं निकलेगा। जब आपको ठीक से इस बात का ज्ञान हो जाये कि आपमें किस तरह की कमी है तो उसको दूर करने का रास्ता आसान हो जायेगा।

अपने गुण और दोषों को अच्छी तरह समझकर तुम जो कार्य कर रहे हो या जो तुम्हारा लक्ष्य है, उसमें आशा, विश्वास, धैर्य, आत्मिक शक्तियों द्वारा लगन से उसे प्राप्त करने का प्रयास करो। सफलता तुम्हारे कदम चूमेगी।

यदि आप किसी कार्य को करने में स्वयं को असमर्थ अनुभव करते हैं या स्वयं को हीन समझते हैं। आपको अपनी आन्तरिक शक्तियों पर पूरा विश्वास नहीं है या आपको अपनी भीतर की शक्तियों पर पूरा विश्वास नहीं है या आपके भीतर की शक्तियां सोई हुई हैं तो अपने मन में इस तरह बार-बार दोहराते रहो।

मैं ईश्वर की संतान हूं। मैं शक्ति हूं। मैं सभी तरह योग्य हूं क्योंकि मेरे भीतर तमाम ईश्वरीय शक्तियों का अपार भण्डार भरा पड़ा है। मुझमें साहस और शक्ति है। मैं जो चाहूं उसे कर सकता हूं क्योंकि मैं कायर नहीं हूं। मैं ईश्वर का अंश हूं। इसलिए मुझे सृष्टि की हर वस्तु का उपयोग करने का पूरा अधिकार है। अब मैं श्रेष्ठ जीवन जीऊंगा। अपने साहस से मैं कभी जिम्मेदारियों से पीछे नहीं हटूंगा।

मैं योग्यता में किसी से कम नहीं हूं इसलिए मैं तरक्की अवश्य करूंगा। मैं कभी भी आत्मनिन्दा नहीं करूंगा। मैं सर्वशक्तिमान ईश्वर की संतान हूं इसलिए मेरे अन्दर अपार शक्तियों का भण्डार है। संसार में मुझे किसी वस्तु की कमी नहीं है। मैं जो चाहे ले सकता हूं। मैं कभी पराजित नहीं हो सकता, क्योंकि मुझमें अपार बल है।

"आत्मनिन्दा घोर अपराध है और अब से मैं कभी आत्मनिन्दा नहीं करूंगा। इससे ईश्वर की सृष्टि का निरादर होता है। जीवन के हर क्षेत्र में सफल रहना मेरा जन्म सिद्ध अधिकार है। मुझे अपने ऊपर पूर्ण विश्वास है। अब से मैं जीवन के संग्राम में आशा और विश्वास के साथ लड़ेगा। मैं अवश्य विजयी होऊंगा, क्योंकि मैं ईश्वर की संतान हूं। जो स्वयं विजय है।"

अपने मन में इस तरह की कल्पना करो कि आपके अन्दर सभी गुण विद्यमान हैं, साथ ही उन गुणों का उपयोग भी करो। अपने अन्तःकरण से बातें करके, यदि आपमें साहस या आत्मविश्वास की कमी हो तो उसे पाने के लिए उत्साहवर्द्धक विचार अपने मन में लाओ। हमेशा स्वयं को सर्वगुण सम्पन्न समझो, तब आप समझेंगे कि सचमुच आपमें वह सभी गुण आ गए हैं जिससे आदमी समर्थ बनता है।

हम जो कुछ पाना चाहते हैं, उसे पाने के लिए विश्वास और दृढ़ निश्चय हमें हमारे लक्ष्य तक पहुंचा देता है। लक्ष्य की प्राप्ति के लिए प्रबल शक्तियों का जाग्रत कर देता है।

सी.डी. लार्सन द्वारा सुझाई गई निम्न प्रतिज्ञाओं को अपने दैनिक संकल्पों में दोहराना अत्यन्त उपयोगी और सार्थक सिद्ध होगा।

"मैं सदा वे ही शब्द बोलूंगा जिनसे शक्ति, साहस और प्रेरणा मिले।"

"मैं इस तरह के कार्य करूंगा जिनसे आम लोगों का भला हो।"

"अपने में और दूसरों में मैं केवल अच्छाई ही देखूंगा।"

"मैं जानता हूं कि मैं किसी भी कार्य को कर सकता हूं। इसलिए मुझे ही कार्य में सफलता मिलेगी।"

"मुझमें हर तरह की विपत्ति का सामना करने की क्षमता है।"

"मैं कभी साहस नहीं छोड़ूंगा।"

"मैं हमेशा मानवता के कल्याण की कामना करूंगा।"

"मैं और अधिक महान बनूंगा।"

यद्यपि मानव शरीर के 'मैं' को बताना अहंकार का प्रतीक है और हम जानते हैं कि अहंकार से किसी को लाभ नहीं होता अपितु हानि ही होती है। लेकिन जब आप 'मैं' की प्रतिष्ठा करते हैं तब 'मैं' का अर्थ आत्मा से होता है और इसमें तो कोई सन्देह नहीं कि आत्मा का नाम ही परमात्मा है, तब आपके 'मैं' का अर्थ आपके शरीर के अहं से नहीं आत्मा अर्थात ईश्वर के अहं से होता है और ईश्वर तो सर्वशक्तिमान है, सृष्टिकर्ता है। वास्तव में आत्मा ही आपका सच्चा अस्तित्व है और 'मैं' -आत्मा का प्रतीक होता है, शरीर का नहीं।

यदि मानव सफलता के लिए प्रतिज्ञा की इस अद्भुत शक्ति को समझ लेता-आत्मा-सो-परमात्मा और यह कि वह परमपिता परमात्मा की सन्तान है, तो मानव को न जाने कितनी महान उपलब्धियां हासिल हो जातीं। वह महामानव बन जाता।

बाइबिल की श्रेष्ठता का रहस्य ही यह है कि इस अमूल्य ग्रंथ में जीवन को आशामय बनाने और प्रतिज्ञाओं के अमर वाक्य भरे पड़े हैं। यदि जीवन को उल्लासमय बनाने और प्रतिज्ञाओं को दोहराने के वाक्य बाइबिल में न होते तो कोई इसका नाम भी नहीं लेता। क्योंकि प्रतिज्ञा एक सजीव वस्तु है।

आत्मविश्वासी व्यक्तियों के कहे हुए प्रत्येक शब्द में अपूर्व शक्ति और प्रभाव होता है। वे इतने विश्वास से अपनी बात कहते हैं कि किसी को उस पर अविश्वास अथवा संदेह नहीं हो सकता। इसलिए विश्व के महान लेखक और विचारक अपनी बात को कभी दलीलों से सिद्ध नहीं करते। वे हर बात को दृढ़ आत्मविश्वास से कहते हैं। यदि वे अपनी बात को दलीलें देकर सिद्ध करते तो सम्भवतः मनुष्य उनकी बात पर विश्वास नहीं करते।

स्वयं से बातें करते हुए आत्मविश्वास के साथ दृढ़ निश्चयी बनो। डर और झिझक को मन से निकालकर साहसपूर्वक कहो- "मैं अभी से सफल हूं। सफलता मेरा जन्म सिद्ध अधिकार है।" ऐसा कभी मत सोचो- "मैं कोशिश करूंगा। मैं देखूंगा कि कर सकता हूं या नहीं। मैं कोशिश करूंगा।" इससे सन्देह की भावना मन में आती है जो उन्नति के लिए घातक है।

अपनी आत्मा की शक्ति का बलवान बनाओ जिससे तुम्हारे भीतर ईश्वरीय रूप का विस्तार हो। पूरे विश्वास और निश्चय के साथ दोहराओ- "मैं ईश्वर से एकाकार हो चुका हूं वह मुझसे जो चाहता है, मैं उसे अवश्य पूरा कर सकता हूं। अपने

हृदय के निश्चय को मानना मेरा कर्तव्य है। मैं अपनी शारीरिक, मानसिक और आत्मिक शक्तियों के विकास में हर बाधा को दूर कर दूंगा। मैं समय का सदुपयोग करूंगा, क्योंकि मैं जानता हूं कि बीता समय कभी वापस नहीं आता। आज से मैं परमपिता परमात्मा की संतान की तरह जीवन जीऊंगा।"

किन्तु याद रखो, ऐसे शब्द जो केवल मुंह से कहे जाएं और हृदय पर उनका कोई असर न हो, वे थोड़े ही रह जाते हैं, उनका कोई असर नहीं होता। शब्दों को जीवन, आत्मा से मिलता है। जीवनी-शक्ति अर्थात् आत्मा की शक्ति के बिना शब्द बेकार और प्रभावहीन होते हैं। इसलिए अपने शब्दों को पूरे विश्वास के साथ कहो।

"ईश्वर भेदभाव-रहित है। वह सभी मनुष्यों को समान रूप से देखता है। हम उस ईश्वर की संतानें हैं और कोई पिता अपनी सन्तानों में भेदभाव नहीं करता और न कभी कर सकता है। ईश्वर सबको बिना भेदभाव के एक जैसा प्यार, अधिकार और वरदान देता है। मैं जो इच्छा रखता हूं वह अवश्य उसे पूरा करेगा। अपनी हर इच्छा को पूरा करने का मैं प्रयत्न करूंगा। अपना जीवन अपनी इच्छाओं के अनुसार बनाऊंगा।"

इन प्रतिज्ञाओं को अपने हृदय में बार-बार दोहराते रहो। अपनी प्रतिज्ञाओं को पूरा करने के लिए अवसर खोजो, अवसर की प्रतीक्षा मत करो। तुम्हारे द्वारा की गई प्रतिज्ञाओं में अद्भुत चमत्कार कर दिखाने की शक्ति है। दृढ़ विश्वास से की गई प्रतिज्ञा से आपकी शक्तियां भी बढ़ जाती हैं। दूसरे लोग तुम्हारे बारे में क्या सोचते हैं, इसकी फिक्र मत करो। संसार में साहस और दृढ़ निश्चय से अपना स्थान बनाओ, क्योंकि वह स्थान सिर्फ आपके लिए ही है। लोगों की सलाह पर ध्यान मत दो और स्वयं पर भरोसा रखो। स्वयं की शक्तियों पर यकीन करो और अपने से ही आशा रखो। ऐसा कभी विचार मत करो कि तुम्हारा जनम छोटे-छोटे काम करने के लिए ही हुआ है। अपने आदर्श ऊंचे रखो।

अपने जीवन को महान बनाने के लिए उत्तम तरीका है-अपने आपकी सही-सही जानकारी करना और स्वयं को अपना घनिष्ठ समझकर मन में बातें करना। स्वयं के बारे में जानकर जो कमजोरियां हैं, उन्हें दूर करके उच्च आदर्शों को हृदय में लाना चाहिए।

आपके अन्दर यदि कोई दोष पैदा हो गया है तो उससे भयभीत न होओ, बल्कि दोष को दूर करने का प्रयास करना चाहिए। आपके भीतर एक अद्भुत शक्ति है। इसे सदा ध्यान में रखो। उसी शक्ति से हर बुराई पर विजय हासिल करो। अपने मन में दोहरा- "मुझे ईश्वर ने पैदा किया है। मेरे अन्दर उसी के गुण विद्यमान हैं। मेरा यह दोष जो मेरे जीवन में जहर घोल रहा है उसे दूर करने की शक्ति मेरे अन्दर मौजूद है। मैं प्रतिज्ञा करता हूं कि अब से किसी प्रकार का दोष अपने अन्दर पैदा नहीं होने दूंगा। मैं ईश्वर की संतान हूं। मेरा यह दोष उसको कलंकित करता है और मेरे सम्पूर्ण जीवन के लिए असफलता को गहरे गड़े में धकेलता है।

यदि आप अपने हर कार्य को अविश्वास से करते हैं और संदेह करना आपका स्वभाव बन गया है, अविश्वास के कारण अपने महत्त्वपूर्ण कार्यों को अधूरे मन से करते हैं, आप इतने शंकालु हैं कि किसी कागज पर जरूरी होते हुए भी आप हस्ताक्षर नहीं करते या मोहर नहीं लगाते इसलिए काम अधूरा रह जाता है; आप अपने निर्णय पर दृढ़ नहीं रहते हैं तो-इन हीन भावनाओं की चिकित्सा के लिए आप रोज सुबह यह दृढ़ निश्चय कर लें कि आज तो काम को पूरा ही करूंगा। एक काम को अच्छी तरह से देखभाल कर उसे समाप्त करने के लिए अपने आपसे कहो-यह काम ठीक है। इसके बारे में अब मैं दुबारा नहीं सोचूंगा, मेरा फैसला उचित है और अब मैं इसे पूरा कर दूंगा।"

प्रतिदिन जिस किसी व्यक्ति की कार्यकुशलता और निपुणता से आप प्रभावित हैं, प्रशंसक हैं, उसके आदर्शों को स्मरण करो। प्रारम्भ में हो सकता है त्रुटियां हो जाएं, लेकिन चिन्ता मत करो, अपने फैसले पर दृढ़ रहो। जो भी काम आपके सामने है उसे अविलम्ब पूरा कर दो। आगे के लिए किसी काम को मत छोड़ो।

हमेशा विजय के लिए ही सोचो। अपने चेहरे पर विजय के भाव लाओ ताकि दृढ़ निश्चय की भावना आपके नेत्रों से टपकती दिखाई दे और देखने वाले समझ लें कि आप न कभी पराजित हो सकते हैं और न कभी असफल। स्वयं विजयी होकर दूसरों के मार्ग को प्रशस्त करो।

अपने आपसे की गई बातें उन्नति के मार्ग को प्रशस्त करती हैं। जिससे कोई भी व्यक्ति अपनी कमियों को दूर कर जीवन को सफल बना लेता है। जिस तरह की बातें बताई गई हैं, जरूरत के अनुसार इनको बदला भी जा सकता है। यदि

आप इन बातों को प्रतिदिन दोहरायें तो अवश्य ही अपने लक्ष्य को प्राप्त कर सकेंगे-इसमें सन्देह नहीं है।

शुरू में आपको स्वयं से बातें करते बड़ा अजीब और मूर्खता भरा लगेगा, लेकिन शीघ्र ही आप इसे अपनी दिनचर्या में शामिल करके निश्चय ही इससे लाभ अर्जित करेंगे। आपका सम्मान और आत्मा की शक्ति में वृद्धि होगी तथा आपकी योग्यता दोगुनी हो जायेगी।

अर्थात आप जीवन के हर क्षेत्र में सफल रहेंगे। लेकिन इसका यह अर्थ कदापि नहीं है कि आप अहंकारी या व्यक्तित्ववादी बन जायेंगे, बल्कि इससे आप अपनी शक्तियों से अच्छी तरह परिचित होकर उनका सही उपयोग कर सकेंगे।

इस प्रकार अपने मन से बातें करके हमेशा प्रेरणा भरी बातें कहो और साहसपूर्वक काम करो-निराशा की नहीं। अपने विश्वास को हर संभव उपाय से दृढ़ बनाओ। अपने अन्दर विश्वास पैदा करो, क्योंकि जैसा आपका विश्वास होगा, वैसे ही आप बनोगे। आपका निश्चय जितना महान होगा उतनी ही महान आपकी सफलता होगी।

6. ईश्वर से निकटता

हमारे हृदय में अपूर्व शक्तियों का राज्य है। हृदय द्वारा ही ईश्वर से एकता स्थापित होती है। भगवान के सर्वव्यापी होने का प्रमाण भी हमारा हृदय ही है।

संसार के इतिहास में यह घटना अद्भुत एवं अपूर्व है-अबू बिन आदम एक साधारण व्यक्ति था। लेकिन ईश्वर पर उसका अटूट विश्वास था। अपने साधारण जीवन में उसे यह अनुभव हो गया था कि संसार के छोटे से छोटे अणु में भी वह सर्वशक्तिमान ईश्वर मौजूद है। उसकी अपनी आत्मा में भी उसी का प्रकाश भरा है।

एक दिन रात में अबू बिन आदम ने स्वप्न में देखा कि एक देवदूत स्वर्गलोक से उसके पास आया है। अबू ने देखा कि वह देवदूत कोई सूची तैयार कर रहा है। देवदूत से अबू ने उस सूची के बारे में पूछा तो उसने बताया कि वह उन व्यक्तियों के नामों की सूची बना रहा है जो ईश्वर की पूजा करते हैं और जिनको ईश्वर प्यार करता है। अबू ने अपने मन में सोचा- मैं तो ईश्वर की पूजा करता ही नहीं हूं इसलिए मेरा नाम तो इस सूची में नहीं होगा।

दूसरे दिन भी अबू ने स्वप्न में उसी देवदूत को देखा। वह अब भी वैसी ही सूची बना रहा था। उस दिन जाने से पहले देवदूत ने अबू को वह सूची दिखाई। अबू ने जब सूची को देखा तो पाया कि उसका अपना नाम उस सूची में सबसे

ऊपर सुनहरे अक्षरों में लिखा है तो उसके आश्चर्य की सीमा न रही। उसे आश्चर्यचकित देखकर देवदूत ने उससे कहा-संसार के प्रत्येक प्राणी में ईश्वर का रूप विद्यमान है इसलिए प्राणियों से प्रेम करना ईश्वर से प्रेम करने के समान है और संसार के जीवों की सेवा करना ही सच्ची ईश्वर-भक्ति है।

ईसा ने कहा कि-स्वर्ग का राज्य तुम्हारे भीतर है। मानव अपने हृदय से शक्ति ग्रहण करता है। उसके हृदय में ही महान शक्तियों का स्रोत विद्यमान रहता है। हमारे हृदय में अपूर्व शक्तियों का राज्य है। हृदय द्वारा ही ईश्वर से एकता स्थापित होती है। भगवान के सर्वव्यापी होने का प्रमाण भी हमारा हृदय ही है। बेतार के तार की तरह हृदय का ईश्वर के साथ सम्बन्ध बना रहता है।

विश्व की सबसे बड़ी खोज मनुष्य की आत्मा के साथ परमात्मा की एकता की है। डॉक्टर ऐलन का कहना है-मनुष्य ने अपनी आत्मा की शक्ति को पहचान लिया है। अब वह अपनी आत्मा की ताकत से सृष्टि की प्रत्येक वस्तु को अपनी इच्छानुसार प्राप्त कर सकता है। संसार का सबसे महान आविष्कार मानव और भगवान को बेतार के तार से जोड़ना है।

ईश्वर को याद करने से हमारी उसके साथ निकटता स्थापित हो जाती है और संसार में अकेलापन महसूस नहीं होता, क्योंकि हमारे निरन्तर स्मरण से ईश्वर सदा हमारे साथ रहता है। हम ईश्वर से सम्पर्क में रहने के कारण उसके हर कार्य में अपना योगदान देते हैं। संसार के निर्माण-कार्य की उसकी योजना पृथ्वी पर निरंतर चलती रहती है। पृथ्वी के सुन्दर रूप को, जिसे ईश्वर ने स्वयं बनाया है और अधिक सुन्दर बनाने में हम ईश्वर के साथ मिलकर कार्य करेंगे। मनुष्य का हृदय पापरहित और सुन्दर है। उसकी आत्मा न कभी जन्म लेती है और न कभी मरती है। वह कभी पाप नहीं कर सकता, वह तो सदैव पवित्र है। मनुष्य का यही रूप ईश्वर का अंश है। अच्छे कार्यों द्वारा ही मनुष्य ईश्वर के निकट आ जाता है।

हम अपने सही रूप को भगवान के साथ एकाकार करके ही जान सकते हैं। ईश्वर के साथ एकता स्थापित कर हम अपनी अद्भुत प्रतिभाओं को जान लेते हैं जिन्हें कभी समाप्त नहीं किया जा सकता। हमारा सांसारिक जीवन कैसा भी हो, लेकिन हमारी प्रतिभाओं को कोई मिटा नहीं सकता।

मनुष्य जितना सम्बन्ध ईश्वर से बनाता है, जितना उसके निकट आता है, उसके हृदय की शक्तियां उतनी ही अधिक बलवती होती हैं। उसकी शक्तियों की महानता ईश्वर के सान्निध्य पर निर्भर करती है। मनुष्य जितना ईश्वर के समीप होगा उतना ही उसका जीवन महान बनेगा।

प्रायः लोग यह समझते थे कि संसार का समस्त ज्ञान और विज्ञान सिर्फ ईश्वर के पास ही सीमित थे, परन्तु ईश्वर से निकटता स्थापित होने से और मानव के ईश्वर की संतान होने के नाते यह समस्त ज्ञान मनुष्य के भीतर भी मौजूद है।

विशाल वट-वृक्ष की समस्त शक्तियां उसके छोटे-से बीज के अन्दर पूरी तरह से विद्यमान रहती हैं। उस छोटे-से बीज के अन्दर ही उसकी विकार करने की क्षमता छिपी हुई है। उस बीज के भीतर के विशाल वृक्ष को हवा, पानी और सूर्य की किरणों ने तो केवल विकसित ही किया है। असल में तो उसके अन्दर वह पहले से ही मौजूद था।

ठीक यही बात मनुष्य पर भी लागू होती है। उसके अन्दर भी प्रतिभा के भंडार मौलिक रूप से विद्यमान होते हैं। उसकी शिक्षा और जीवन के दूसरे कार्य उसके भीतर की शक्तियों को बाहर लाकर विकसित करना हो है।

सृष्टि का क्रम सदा निरन्तर चलता रहता है। इस बात का ज्ञान हमें नवीन विचारधारा से मिला है। सृष्टि का निर्माणकर्ता अमर है। उसकी कोई सीमा नहीं है, उसका कोई अन्त नहीं है। इसलिए वह अजर, अमर और अविनाशी है। उसकी सृष्टि का क्रम लगातार चलता रहता है। हम उसकी सृष्टि में रहते हुए स्वयं को अकेला क्यों समझते हैं? भला कोई आदमी अपने द्वारा बनाई हुई वस्तु से भी अलग रह सकता है। मनुष्य किसी अज्ञात भाग्य की कठपुतली नहीं है और न ही वह अकेला ही है, बल्कि वह सदा ईश्वर के साथ रहता है जिसने उसे बनाया है।

अपने मूल स्रोत से कोई अलग नहीं रह सकता। उससे अलग समझने का विचार ही हमें अपनी शक्तियों से अलग कर देता है और जब हम अपने मूल स्रोत से अलग हो जाते हैं, तब हम कितना प्राप्त कर सकते हैं। मनुष्य की बीमारियों, दुःखों और समस्त कमजोरियों का कारण ही यह है कि वह उसके निकट होने को अकेला समझने लगता है।

सृष्टिकार के निर्माण का विशाल क्षेत्र है जिसमें मनुष्य भी हिस्सेदार है। उसका निर्माण क्षेत्र एक विशाल व्यवसाय की भांति है, जिसकी संपत्ति केवल उसकी अपनी ही नहीं है। यद्यपि वह चाहे तो उसका उपयोग वह स्वयं ही कर सकता है, तथापि मनुष्य उसमें समझदार होने के नाते अथवा उसके निकट होने के नाते उसकी सम्पत्ति का उपयोग कर सकता है।

मनुष्य जब आत्मा के साथ एकता का सम्बन्ध स्थापित कर लेता है, तब वह संसार का ज्ञान अर्जित कर लेता है। तब वह आत्मिक शक्ति का केन्द्र बन जाता है। शरीर के छोटे-से घेरे में सीमित नहीं रहता। उसका क्षेत्र विशाल हो जाता है। सांसारिक सुख, वैभव और ऐश्वर्य से उसका लगाव खत्म हो जाता हे। भौतिक सुख उसके लिए कोई महत्त्व नहीं रखते, क्योंकि उसके सामने तो आत्मा के विशाल राज्य का वैभव उपलब्ध हो जाता है। उसकी सभी स्वार्थ की भावना, दुराव मिट जाते हैं और रह जाता है उसके हृदय में उत्साह और उल्लास का उमड़ता सागर।

हमारा सम्बन्ध जब ईश्वर से स्थापित हो जाता है तब ऐसा प्रतीत होता है, जैसे हमारी शक्तियां विकसित होकर उस असीम सागर से एकाकार होने जा रही हैं। ईश्वर का सम्पर्क मनुष्य जीवन में अद्भुत शक्तियों द्वारा क्रान्ति ला देता है। उसकी जीवन-धारा ही बदल जाती है।

हमारी आत्मा उसी परमात्मा का अंश है। उसी के द्वारा हम उस सर्वशक्तिमान ईश्वर से सम्बन्ध स्थापित कर सकते हैं। जब हमारा सम्बन्ध उस ईश्वर से जुड़ जाता है तब संसार में हमारे लिए कुछ भी अप्राप्त नहीं रहता।

परमात्मा से निकटता होने पर हमें किसी से भय नहीं लगता। हम निडर होकर जिस काम को भी करते हैं वह बेकार नहीं जाता। हम उसके निडर होने से यह अच्छी तरह समझ लेते हैं कि हम ऐसे महादानी के पास हैं जिसके पास देने के लिए अपार भण्डार है जिसमें सब कुछ भरा पड़ा है। हम जो भी कार्य करेंगे उसमें अपनी पूरी शक्ति लगाकर सफलता प्राप्त कर सकते हैं।

संसार में महापुरुषों ने, ईश्वर की शक्ति का ज्ञान पाकर, उसके साथ एकता स्थापित करके, अपने महान कार्यों में सफलता प्राप्त करके, कितने ही अजूबे कर दिखाए हैं। यहां तक ईश्वर द्वारा निर्मित सृष्टि के प्राकृतिक रूप में भी अनेक सुधार करके और सुन्दर बना दिया है। यथार्थ में मनुष्य के अन्दर का भगवान

ही उसे नये-नये आविष्कार करने को प्रेरित कर रहा है। मनुष्य द्वारा नित्यप्रति किये जा रहे नये-नये निर्माण इस बात का प्रमाण हैं कि वह और ईश्वर एकाकार हो गए हैं तभी यह निर्माण सम्भव हो सके हैं, वरना उनमें से अकेला कोई भी इतना बड़ा महान कार्य करने में समर्थ नहीं होता। यह कितने आश्चर्य की बात है कि अनेक आविष्कारक ईश्वर में विश्वास नहीं करते थे। लेकिन हमें यह बात नहीं भूलनी चाहिए कि संसार के तमाम अपमानों और आलोचनाओं की चिन्ता न करते हुए भी उन्होंने विश्व को महान उपलब्धियों से साक्षात् कराकर स्वयं को अमर बना लिया।

मनुष्य के हृदय में प्रेरणा रूप में विद्यमान ईश्वरीय शक्ति के कारण ही वह संसार में इतनी उन्नति कर सका है। उसी ईश्वर की प्रेरणा से मनुष्य ने आज तक के महान कार्यों को सफलतापूर्वक कर दिखाया है। सृष्टि की सभी छोटी-बड़ी वस्तुओं को आधुनिक रूप में सजाने-संवारने में मनुष्य को ईश्वर ने ही प्रेरित किया है। सच्चाई तो यह है कि विश्व में स्वर्ण युग लाने के लिए मनुष्य और ईश्वर का साझा निर्माण कार्य कर रहे हैं।

ईश्वर की सहायता से मनुष्य ने कितने ही आश्चर्यजनक कार्य कर लिए हैं। विश्व के महान कलाकारों और आविष्कारकों को उसी ईश्वर ने प्रेरणा देकर उनकी इच्छाओं, आकांक्षाओं को पूरा करने में महान योगदान दिया है। वैज्ञानिकों के मन में नई खोजें करने के लिए जो बेचैनी रहती है और दिन-रात उसे पूरा करने के लिए उनके हृदय में जो लगन लगी रहती है, वह ईश्वरीय प्रेरणा ही तो है। उसे चाहे उनकी असाधारण बुद्धि कहो या अन्तःप्रेरणा। महान लेखकों को सपने में सुन्दर रचनाएं करने के लिए उन्हें कौन प्रेरित करता है। उन उत्साही व्यक्तियों में अद्भुत शक्तियां कहां से आती हैं जिनके द्वारा वह मिट्टी से सोना बनाते हैं। इन सभी प्रश्नों का उत्तर यही है कि मनुष्य की सम्पूर्ण सफलताओं के पीछे उस सर्वशक्तिमान परमात्मा की प्रेरणा है जिसके बल पर मानव लगातार उन्नति करता जा रहा है।

मनुष्य जब कभी ईश्वर से अलग हो जाता है तब उसकी अच्छाइयां समाप्त हो जाती हैं और वह शैतान का रूप हो जाता है। शैतान बन जाने पर उसके विचार उसे पतन की ओर ले जाते हैं और उसकी उन्नति के मार्ग अवरुद्ध हो जाते हैं। मैंने कई लोगों को संसार में भटकते हुए देखा है, जिनमें ईश्वर की शक्ति लुप्त हो गई है। ईश्वरीय-शक्ति से रहित ऐसे मनुष्य दानवता के नशे में अपनी अच्छाइयों

को भुलाकर झूठे, बेईमान, जुआरी बनकर, अपराधी बनकर पतन की ओर अग्रसर हो जाते हैं। यह हो सकता है कि उनके जीवन में भी जीने के लिए कुछ आधार हो, जिस प्रकार जुआरी के लिए जुए में जीती हुई संपत्ति या काले धंधे करने वालों के पास काला-धन। लेकिन यदि उनसे पूछा जाये कि क्या उनके हृदय में दिन-रात कुछ शंकाएं बनी रहती हैं? क्या उनकी आत्मा उन्हें कभी धिक्कारती है? अपने ऐश्वर्यमय जीवन में अपने अपराधी होने से कभी भयभीत तो नहीं होते? क्या कभी उन्होंने वास्तविक प्रसन्नता का अनुभव किया है? भला पाप और अपराध करने वाले मनुष्य के हृदय में कभी खुशियां आ सकती हैं, नहीं आ सकती हैं। ईश्वर और शैतान दो अलग-अलग विरोधी शक्तियां हैं। एक से प्रकाश किरणें प्रस्फुटित होती हैं तो दूसरे से घोर अंधकार। दोनों का मिलना असंभव है। शैतान तब तक परेशान होकर भटकता रहेगा जब तक कि वह प्रकाश के आगे नत मस्तक नहीं होता। मानव भी तब तक सुख और प्रसन्नता प्राप्त नहीं कर सकता जब तक कि वह ईश्वर के साथ एकता नहीं बना लेता।

ईश्वरीय प्रकाश में आते ही मनुष्य की सारी कमजोरियां, समस्त पाप नष्ट हो जाते हैं। जिस प्रकार सूर्य के उदय होते ही अंधकार नष्ट हो जाता है। सम्पूर्ण हृदय से एक बार ईश्वर में अटूट विश्वास मानकर उससे सम्बन्ध स्थापित करने की आवश्यकता है। ईश्वर अपने अलौकिक सौंदर्य, उज्ज्वलता से अपने निकट आने वाले प्राणी को सुन्दर और उज्ज्वल बना देता है। सभी प्रकार सामर्थ्यवान बनाकर उसे पूर्ण मानव बना देता है। अमरता का वरदान देकर उसे अमरत्व प्रदान कर देता है।

7. निश्चय रूपी रसायन

कायरता को दूर करने के लिए इसी शक्ति को (निश्चय रूपी रसायन) मन में बसाइए और बार-बार इसका मनन कीजिए। यदि आप गंभीरता से विचार करेंगे, तो आपको इस बात का पता लग जाएगा कि मनुष्य भय क्यों करता है।

यदि आप अपनी आत्मा के वास्तविक स्वरूप को ध्यान से देखें, तो आपको ज्ञात होगा कि वह पूर्ण रूप से निर्भय है तथा उत्साह से परिपूर्ण है संसार में ऐसी कोई वस्तु नहीं है जो उसे नुकसान पहुंचा सके। कायरता को दूर करने के लिए इसी शक्ति को (निश्चय रूपी रसायन) मन में बसाइए और बार-बार इसका मनन कीजिए। यदि आप गम्भीरता से विचार करेंगे, तो आपको इस बात का पता लग जाएगा कि मनुष्य भय क्यों करता है। उसके भय का कारण यही होता है कि उसे आगामी क्षण के लिए सन्देह होता है।

यदि इस संदेह के सम्बन्ध में विचार किया जाए, तो वस्तुतः अपने पर संदेह करना उस महान स्रष्टा की योजना पर अविश्वास करना है। यदि आप ध्यान से देखें और अपने इस भय के सम्बन्ध में विचार करें, तो आपको अपने ऊपर हंसी आने लगेगी। इसलिए आवश्यक है कि आप प्रभु पर विश्वास रखकर सन्देहात्मक वृत्तियों को अपने से सदा दूर ही रखें।

क्या आप इतने विशाल ब्रह्माण्ड की अनेकानेक वस्तुओं के विद्यमान होने के कारण यह अनुमान नहीं लगा सकते कि इसका निर्माता अपरिमेय शक्ति का स्वामी है। वह किस प्रकार इस सृष्टि को थामकर बैठा है और मनुष्य तो इस सारी सृष्टि में उसकी सर्वश्रेष्ठ कृति है। यदि आप उसमें विश्वास रखेंगे, तो आपका भय स्वयं समाप्त हो जाएगा।

यदि आपने इस शक्ति को पहचान लिया कि सृष्टि एक महान योजना है और उसके अनेक कार्य पूरे करने के लिए आप एक कार्यकर्ता हैं, तो आपको महान प्रसन्नता होगी। यदि आप ऐसा विश्वास लेकर जीवन-पथ पर आगे बढ़ेंगे, तो सफलता आपके चरण चूमेगी। उस समय आपको यह ज्ञात हो जाएगा कि आपकी योजना के विपरीत जो भय आपके मस्तिष्क में आया था, वह मिथ्या था, आपके दुर्बल मन की कल्पना था। सृष्टि के सम्बन्ध में सत्य के साक्षात्कार से भय दूर होता है और मनुष्य में साहस और उत्साह का प्रादुर्भाव होता है। अतः जब कभी आपके मन में भय आए, तो मन में इस मंत्र का उच्चारण कीजिए-मैं अमृत पुत्र हूं, पूर्ण रूप से निर्भय, उस परमपिता परमात्मा की महान और अप्रतिम कृति हूं। भय एक मिथ्या भ्रम है, भय की कोई बात ही नहीं, क्योंकि उसकी योजना के विरुद्ध सृष्टि में कभी कुछ नहीं हो सकता। एक पत्ता भी नहीं हिल सकता; अतः भय कुछ भी नहीं है। यह तो एक मिथ्या भ्रम है, धोखा है, अवास्तविकता है।

वास्तव में देखा जाए, तो भय मूर्खता पर आश्रित होता है। व्यक्ति जब भी भयभीत होता है तो वह भूल जाता है कि इस ब्रह्माण्ड को रचने वाला, इसका पालन-पोषण और संचालन करने वाला भगवान उसका रक्षक है। इसलिए व्यक्ति को मन में यह बैठा लेना चाहिए कि भय अवास्तविक है।

इमर्सन ने इस सत्य को समझ लिया था, तभी तो उसने कहा था- हमें निश्चय के द्वारा निरन्तर शक्ति प्राप्त करनी चाहिए।

निराशा और विषमता के विचारों को अपने मन से धकेलकर बाहर निकाल फेंके। सदा ऐसा प्रयत्न करें कि आपके मन का छोटे-से-छोटा कोना भी क्षण भर के लिए खाली न रहे। उसमें निर्माण और उत्साह के विचार भरे रहें। मन को सदा सुन्दर और स्वस्थ विचारों से परिपूर्ण रखें। उसमें इस प्रकार के शुभ विचार

भर दें कि अशुभ विचार उसमें प्रवेश ही न कर पाएं। ऐसी स्थिति में वे स्वयं लौटकर वापस हो जाएंगे।

यदि कभी मन में उत्साह कम करने वाले विचार आने लगे, तो महापुरुषों के जीवन के सम्बन्ध में विचार करना लाभदायक रहेगा। उनके जीवन की घटनाओं को अपने मन में दोहराएं। महान लेखक की यह पंक्तियां गुनगुनाना आरम्भ कर दें- मैं अपनी दृष्टि और मनोवृत्तियां उस महान स्रष्टा की विशालता की ओर केन्द्रत करता हूं। ऐसा करने से मेरे मन में प्रकाश और उत्साह का महान समुद्र लहराने लगेगा। मेरे जीवन-संग्राम में आधी विजय मेरे दृढ़ निश्चय और संकल्प द्वारा ही हो चुकी है। केवल आधी विजय प्राप्त करने के लिए ही मुझे काम करना है।

व्यक्ति के मन में बड़े-बड़े स्वप्न होते हैं। आपके मन में भी ऐसे अनेक स्वप्न होंगे। प्रभु के महान् पुत्र होने के नाते ऐसा होना भी चाहिए, परन्तु उस महान स्रष्टा ने यह जीवन हमें उन सपनों को पूरा करने के लिए दिया है। यदि आप भी उन सपनों को पूरा करना चाहते हैं, तो घोर परिश्रम करें, परन्तु इसके लिए यह आवश्यक है कि आपका मन स्वस्थ हो और मन स्वस्थ रखने के लिए प्रभु की अपरिमेय शक्ति की ओर आपको ध्यान रखना होगा। यह दोहराते रहना होगा कि जीवन का प्रभात हो चुका है। उठो! आज ही योजना बनाओ और अपने कर्तव्य-पथ पर बढ़ चलो। रास्ता सबके लिए खुला हुआ है। जो भी दृढ़ आत्मविश्वास के साथ उस पर चल पड़ते हैं, वे एक-न-एक दिन अपने लक्ष्य की प्राप्ति कर ही लेते हैं, परन्तु जो निरुत्साहित होकर पड़े रहते हैं, वे सदा ही रोते-कलपते रहते हैं।

८. लक्ष्य को पहचानिए

कुछ बनने के लिए केवल इतना ही पर्याप्त नहीं कि आपकी इच्छा वैसा बनने की हो। उसके लिए आपको अपनी समग्र शक्ति को एकत्र करके एक लक्ष्य पर केंद्रित करना होगा।।

फिलिप्स ब्रुक्स नवयुवकों से वार्त्तालाप करते हुए उन्हें इस बात के लिए प्रेरित करते थे कि वे कुछ बनने के लिये, कुछ करने के लिए काम में अपनी समस्त शक्ति नियोजित कर दें। कुछ बनने के लिए केवल इतना ही पर्याप्त नहीं कि आपकी इच्छा वैसा बनने की हो। उसके लिए आपको अपनी समग्र शक्ति को एकत्र करके एक लक्ष्य पर केन्द्रित करना होगा। हर व्यक्ति को यह अधिकार प्राप्त है कि वह जिस वस्तु को चाहे, उसकी इच्छा करे, लेकिन उसे प्राप्त वही कर पाता है जिसका शारीरिक एवं मानसिक सन्तुलन सही हो। केवल इच्छामात्र से ही कुछ नहीं हो सकता। इच्छा करने और कर्म करने में आकाश-पाताल का अन्तर है। इच्छा गुनगुना पानी है, जो जीवन की गाड़ी को लक्ष्य तक नहीं पहुंचा सकती, लेकिन वही गुनगुना पानी जब दो सौ बारह डिग्री पर गरम होकर खौलने लगता है-यानी आप अपने उद्देश्य के प्रति समग्र शक्ति लगाकर प्रयत्न करने लगते हैं-तो आपकी गाड़ी आपके लक्ष्य तक अवश्य पहुंच जाएगी।

यदि रूजवेट अपने लक्ष्य के प्रति अधूरे मन से काम करता, तो आज सारे संसार में उसका इतना नाम न होता। उसके जीवन में सफलता प्राप्ति का केवल यही रहस्य था कि उसने अपने लक्ष्य की प्राप्ति के लिए अपनी सम्पूर्ण

जीवन-शक्ति को दृढ़ संकल्प के साथ नियोजित कर दिया था। अपनी पूरी सामर्थ्य को संगठित एवं एकत्रित करके वह कार्य में जुट जाता था और कभी भी अपने काम के प्रति टाल-मटोल या बहानेबाजी नहीं करता था। उसका यह नियम था कि जिस काम को एक बार हाथ में ले लेता था, उसे पूरा करके ही दम लेता था। रूजवेट का जीवन ऐसे प्रत्येक व्यक्ति के लिए एक उत्तम उदाहरण है, जो जीवन में सफलता प्राप्त करना चाहता है। यदि आपका जीवनोद्देश्य महान है, तो आपको उसे सर्वोपरि रखना चाहिए तथा उसकी तुलना में सभी इच्छाएं तुच्छ हो जानी चाहिए। ध्यान रहे कि जीवनोद्देश्य आपका सर्वश्रेष्ठ सिद्धान्त होना चाहिए। जीवन में उसकी सत्ता सर्वोपरि होनी चाहिए, ऐसा होने पर ही आपकी शक्ति बढ़ सकेगी और परिणामतः आपके जीवन की गाड़ी आगे बढ़ती जाएगी। जो भी व्यक्ति अपने जीवनोद्देश्य को निश्चित कर लेता है और उसके लिए सदा उत्साहित बना रहता है, उसमें एक ऐसी शक्ति पैदा हो जाती है, जिसे हम रचनात्मक, क्रियात्मक अथवा निर्माणात्मक सृजन शक्ति कह सकते हैं। ऐसा कर्मठ व्यक्ति ही स्रष्टा बन जाता है। लक्ष्य के बिना कोई भी व्यक्ति मौलिक अथवा रचनात्मक कर्ता नहीं बन सकता और जब तक व्यक्ति एकनिष्ठ होकर अपने मन को किसी एक ही बिन्दु पर एकाग्र नहीं करता, तब तक उन्नति के पथ पर अग्रसर नहीं हो सकता और न अपने जीवनोद्देश्य को ही प्राप्त कर सकता है। अतः व्यक्ति को चाहिए कि वह अपने काम-धंधे को ठीक वैसा ही देखे, जैसे एक कलाकार अपनी सर्वोत्तम कृति को अपनी ही प्रतिकृति समझता है और उसके विषय में बातचीत करके स्वयं को गौरवान्वित अनुभव करता है। जितनी सन्तुष्टि उसे इस बात से होती है, उतनी अन्य किसी बात से नहीं होती, परन्तु खेद की बात है कि अनेक लोगों को अपने पेशे में तनिक भी रुचि नहीं होती और उन्हें बड़ी सरलता से उस धन्धे से अलग किया जा सकता है। ऐसे अनेक नवयुवक हैं, जो अपने पेशे या धंधे में ठीक प्रकार काम करते दिखते हैं, परन्तु उन्हें कभी भी किसी अन्य काम-धंधे में लगाने के लिए भड़काया जा सकता है। इसका कारण यही है कि वे हर समय इसी दुविधा में पड़े रहते हैं कि जिस काम में वे लगे हुए हैं, क्या वह ठीक है और क्या वह उसमें लगकर लाभ उठा सकते हैं? ऐसे व्यक्ति जब किसी अन्य व्यक्ति को किसी दूसरे काम-धंधे में सफल होते देखते हैं तो प्रायः सोचते हैं कि क्यों न वे भी उसी धंधे में लगकर अपना भाग्य आजमाएं। इस प्रकार के व्यक्ति जिनका अपने काम-धंधे से इतना शिथिल

सम्बन्ध हो, वे सचमुच ही ठीक धंधे में नहीं लगे हुए हैं, फिर वे सफल कैसे हो सकते हैं?

यदि प्रकृति ने आपको किसी कार्य के लिए बुलाया है और आपके लिए वह काम निश्चित किया है, तो वही कार्य आपका जीवनोद्देश्य बन जाना चाहिए और यह भी कि आप जीवन भर उस कार्य को नहीं छोड़ सकते और केवल वही कार्य आपके मस्तिष्क के एक-एक सेल में रम जाना चाहिए, आपकी नस-नाड़ी के अणु-अणु में व्याप्त हो जाना चाहिए। आपके रक्त के कण-कण में लीन हो जाना चाहिए। जिस कार्य से आपके जीवन का स्वरूप विशिष्ट एवं शक्तिशाली बनता है, समझ लीजिए वही आपका जीवनोद्देश्य है। उद्देश्य तक पहुंचने में भले ही कितनी भी देर लग जाए, किसी की परवाह किए बिना आपको उसमें लगे रहना चाहिए।

प्रायः व्यक्तियों का चरित्र इतना सबल नहीं होता कि वे लगातार किसी काम को करते रहें। उनका धीरज समाप्त हो जाता है और वे अपने उद्देश्य की प्राप्ति के मार्ग को छोड़ देते हैं। ऐसे व्यक्ति कभी भी अपने उद्देश्य को प्राप्त करने में सफल नहीं हो पाते।

यदि इस संसार में कोई ऐसी वस्तु है जिसके लिए व्यक्ति को संघर्ष करना पड़े, तो यह केवल उसका उद्देश्य है और उसकी प्राप्ति में ही व्यक्ति को अपने सम्पूर्ण स्वरूप को प्रकट करने का अवसर प्राप्त होता है। यदि कोई व्यक्ति अपने उद्देश्य के लिए घोर परिश्रम नहीं करता और उसके लिए आगे बढ़कर प्रयत्न नहीं करता, तो उसका जीवन निरर्थक है। फिर चाहे वह कितना ही कर्तव्यपालन अथवा कितना ही परिश्रम करे, उसके जीवन का कोई मूल्य नहीं है।

उद्देश्य की प्राप्ति में दृढ़ संकल्प बड़ा ही सहायक होता है, क्योंकि दृढ़ संकल्प में बड़ी शक्ति छिपी होती है। उसकी प्रेरणा से व्यक्ति में लगन पैदा होती है और वह व्यक्ति को आगे बढ़ने की ही प्रेरणा देता है, पीछे हटने की नहीं। यदि एक बार कोई व्यक्ति दृढ़ संकल्प करके आगे बड़े तो फिर उसके रास्ते की सभी बाधाएं स्वयं नष्ट हो जाती हैं और मार्ग कितना भी लम्बा क्यों न हो, बलिदान कितना भी क्यों न देना पड़े, परन्तु दृढ़ संकल्प की शक्ति उसे उसके उद्देश्य तक अवश्य पहुंचा देती है। जब किसी महान एवं रचनात्मक उद्देश्य के लिए व्यक्ति के मन में प्रेरणा जाग्रत होती है, तो उसमें एक अद्भुत दैवीय शक्ति का उदय होता है। तब मनुष्य सर्वथा नवीन बन जाता है और प्रत्येक वस्तु में एक दिव्य

ज्योति के दर्शन करने लगता है। तब सन्देह, भय, उदासीनता आदि दृष्टि लालसाएं-जो उसके रास्ते को रोके खड़ी थीं-सब नष्ट हो जाती हैं और प्राणों में नवजीवन संचरित होने लगता है। तब कुरूपता का स्थान सुन्दरता ले लेती है। तब अस्त-व्यस्त व्यक्ति भी नियम और क्रम से चलने लगता है। तब विचार और कर्म में समन्वय स्थापित हो जाता है। तब व्यक्ति सोते से जाग उठता है और कर्मठ बन जाता है। रसायनशास्त्रियों के विश्लेषण के अनुसार यदि परमाणुओं के संयोग को भंग कर दिया जाए, अथवा किसी परमाणु को तोड़ा जाए और उसे अन्य परमाणुओं के आकर्षण से अलग कर दिया जाए, तो उस परमाणु को अद्भुत शक्ति प्राप्त होती है और वह तुरन्त ही अन्य स्वतंत्र परमाणुओं से जा मिलने को उनकी ओर लपकता है, लेकिन यदि उसी परमाणु को अधिक देर तक अलग रखा जाए, तो उसकी सारी शक्ति नष्ट हो जाती है और वह व्यर्थ हो जाता है। ठीक इसी प्रकार मनुष्य का उद्देश्य भी होता है, जो सर्वश्रेष्ठ, साधन-सम्पन्न, सर्वोत्कृष्ट और सम्पूर्ण शक्ति से जुड़कर महान बन जाता है।

जो व्यक्ति अपने उद्देश्य को कल पर टाल देते हैं अथवा अपने विचारों को कार्यरूप में परिणत करने में देरी करते हैं, वे सदा दुर्बल बने रहते हैं। जबकि शक्तिशाली, उत्साही एवं प्रभावशाली व्यक्ति अपने विचारों को शीघ्रातिशीघ्र कार्यरूप में परिणत कर डालते हैं। नित नए रूप में विचार और संकल्प आपके सामने आते रहते हैं। यह ईश्वरीय नियम है, जो अबाध गति से चलता है। तभी मैं आपसे जोर देकर कहता हूं कि आज के विचार, आज की कल्पना, आज के समाचार आज के लिए ही हैं, केवल आज के लिए, कल के लिए नहीं। कल आपको नए विचार मिलेंगे, आपको नई प्रेरणा प्राप्त होगी, नई कल्पनाएं मिलेंगी, इसलिए आज की प्रेरणा को, आज के विचार को, आज के संकल्प को, आज ही पूरा कर डालिए। किसी चित्रकार की भांति जो उस दृश्य को, उस भावना को फौरन चित्रपट पर अंकित कर लेता है, जो उसके मन में, उसकी आत्मा में चमक उठता है। ठीक इसी प्रकार लेखकों के मन में भी उत्साहपूर्ण विचार उदित होते हैं जिससे उनके मस्तिष्क में प्रकाश भर जाता है और उस लेखक को लेखनी हाथ में लेने को विवश कर देता है। तब लेखक उन विचारों को कागज पर उतारने लगता है। यदि वह लेखक उस विचार को अन्य किसी समय के लिए टाल देता है अथवा उसे लिखने की सुविधा न मिल पाए या प्रतीक्षा करनी पड़े तो उस विचार की कल्पना धुंधली होकर सर्वथा लुप्त हो जाती है।

क्या आपने कभी सोचा है कि विराट रचनाओं और उपलब्धियों के ऐसे दिव्य चित्र आपके मस्तिष्क पर क्यों अंकित होते हैं अथवा इस प्रकार के प्रबल एवं शक्तिशाली संवेग आपके मन में क्यों उठते हैं? मन और मस्तिष्क में इतनी तेजी से ऐसे विचार क्यों उठते हैं? इसका उत्तर केवल यही है कि आप उनका प्रयोग उस समय कर लें, जबकि वे नवीन हों। यदि आपने इन संकल्पों को, इन विचारों को, इन संवेगों को तुरन्त ही कार्यरूप में परिणत नहीं किया तो ये नष्ट हो जाएंगे और तब उनका आपके चरित्र पर बुरा ही प्रभाव पड़ेगा। योजना पूर्ण कर लेने पर व्यक्ति की सहनशक्ति और साहस बढ़ जाते हैं, लेकिन काम को पूर्ण रूप से वही कर पाता है, जिसका चरित्र दृढ़ हो, जिसका निश्चय पक्का हो तथा जिसके मन में कार्य के प्रति आत्मविश्वास और निष्ठा हो।

यदि आप अपने चिन्तन के सर्वोत्तम क्षणों को कार्यरूप में परिणत कर सकें तो आपका जीवन इतना श्रेष्ठ बन जाएगा कि आप उत्कृष्ट व्यक्तियों की श्रेणी में जा बैठेंगे, लेकिन उत्साह मन्द पड़ते ही या निश्चय से हटते ही संकल्प नष्ट हो जाता है। यह स्वयं को धोखा देने जैसी बात है कि आप यह सोचें कि आप महान संकल्प करते हैं, इसलिए महानकर्ता भी हैं।

मैं एक ऐसे व्यक्ति को जानता हूं जिसे यदि कोई यह कहे कि वह कठोर परिश्रमी नहीं है, तो वह बड़ा अपमानित अनुभव करता है, जबकि योग्य व्यक्ति होते हुए भी वह आज तक सफल नहीं हो सका। इसका कारण केवल यही है कि उसका जीवन एक से दूसरे तथा दूसरे से तीसरे काम को करते हुए व्यतीत हो रहा है। जल्दी-जल्दी काम बदलने से व्यक्ति कभी सफल नहीं हो सकता। इसके साथ ही आपको यह भी समझना आवश्यक है कि काम को बीच में ही छोड़ने की आदत बड़ी घातक होती है तथा आवश्यकता से अधिक सावधानी और विश्वास का अभाव ये दो बातें भी आपकी प्रबल शत्रु हैं।

आपने प्रायः देखा होगा कि जब आपके मन में किसी कार्य को करने की प्रेरणा जाग्रत होती है, तब काम करना बहुत सरल हो जाता है। तब आप उत्साहित होकर दौड़ते-से दिखते है लेकिन जब आप काम के प्रति उत्साहहीन हो जाते हैं, तब काम को बराबर टालते जाते हैं, लेकिन काम को टालना अथवा उत्साहहीन होकर काम करना गुलामी है, दासता है, जबकि उत्साह से भरकर, प्रसन्न मन होकर काम को करना आनन्द की बात है। निरन्तर प्रयत्न करके ही व्यक्ति श्रेष्ठ एवं महान बन सकता है।

9. दृढ़ इच्छा-शक्ति

वे सभी महान व्यक्ति, जो अपने अन्य साथियों की अपेक्षा अधिक ऊंचे उठे, केवल अपनी इच्छा-शक्ति और अपनी सामर्थ्य के कारण। अन्य बातें तो उनमें भी वैसी ही थीं, जैसी उनके साथियों में थीं।

विक्टर ह्यूगो ने कहा है- "हमें शक्ति की कमी नहीं होती, बल्कि इच्छा-शक्ति की कमी होती है।" किसी भी महान् उद्देश्य की प्राप्ति के लिए दृढ़ निश्चय एवं अटल संकल्प की बहुत आवश्यकता होती है। इन्हीं के सहारे व्यक्ति आत्मशिक्षण एवं आत्मसंस्कार प्राप्त कर अनेक बाधाओं को पार कर जाता है। तब उसे ऐसा लगता है, मानो उसके भीतर की प्रबल इच्छा-शक्ति किसी शोले की तरह भड़क उठी हो। तब वह अपने को पहले से अधिकाधिक सुधारता हुआ कठिनाइयों को दूर करता हुआ, आवश्यक साधनों को जुटाता हुआ तथा निराशा के स्थान पर आशा एवं उत्साह को जगाता हुआ आगे बढ़ता चला जाता है।

वे सभी महान व्यक्ति, जो अपने अन्य साथियों की अपेक्षा अधिक ऊंचे उठे, केवल अपनी इच्छा-शक्ति और अपनी सामर्थ्य के कारण। अन्य बातें तो उनमें भी वैसी ही थीं, जैसी उनके साथियों में थीं।

जूलियस सीजर के बारे में ये कहा जाता है कि उसने जितनी विजय प्राप्त की, उसमें उतनी सैनिक योग्यता नहीं थी, लेकिन उसमें क्रियाशीलता भी, उसमें दृढ़ निश्चय तथा प्रबल इच्छा-शक्ति थी।

याद रखिए- "किन्तु", "परन्तु", "शंका", "संदेह" का आपके जीवन में कोई स्थान नहीं है। आवश्यकता है, तो केवल दृढ़ निश्चय की। हर उस शब्द के लिए आपको अपने कान खुले रखने हैं, जो आपके लक्ष्य की प्राप्ति के मार्ग में सहायक हो, आपके अपने हृदय की उस प्रत्येक भावना और अनुभूति को ग्रहण करने के लिए खुले रखने हैं, जो आपके जीवन को प्रेरणा प्रदान कर सके व सफल बना सके। ऐसे व्यक्ति को दुनिया की कोई भी ताकत सफल होने से नहीं रोक सकती। परिस्थितियों का पंजा दृढ़ इच्छा-शक्ति वाले मनुष्य को अपनी मुट्ठी में नहीं दबोच सकता। ऐसे व्यक्तियों के लिए संसार स्वयं रास्ता छोड़ देता है।

कन्फ्यूशियस ने कहा है- "आप किसी भी व्यक्ति की दृढ़ इच्छा-शक्ति को परास्त नहीं कर सकते, भले ही किसी विशाल सेना को परास्त कर लें।*

दृढ़ इच्छा-शक्ति के बल पर ही किट्टो बाइबिल का एक महान पण्डित बन गया। वही किट्टो, जो गरीब, गूंगा एवं बहरा था। उसने अपनी पत्रिका में एक बार लिखा है कि- "सम्भव" शब्द पर मुझे तनिक भी विश्वास नहीं। मैं नहीं मानता कि कोई काम-ऐसा भी हो सकता है, जिसे न किया जा सके। प्राकृतिक योग्यता अथवा जन्मजात प्रतिभा केवल कहानियां हैं, लेकिन यदि चाहे, तो हर व्यक्ति अवसर से लाभ उठा सकता है तथा परिश्रम करके, जो चाहे प्राप्त कर सकता है।

लिंकन का उदाहरण किसी भी व्यक्ति के लिए एक आदर्श है। वह गरीबी में पैदा हुआ, गुण्डागर्दी में पला और हर प्रकार से निरुत्साहित होने के बावजूद भी ऊंचा उठा और अमरीका की राष्ट्रीय एकता और स्वाधीनता का सेनानी बन बैठा। उसकी प्रबल इच्छा-शक्ति ने उसके मार्ग को प्रशस्त कर दिया। जिस समय उसके मित्रों ने उसे विधायक के लिए मनोनीत किया, तो उसके शत्रुओं ने उसका बड़ा मजाक उड़ाया। चुनाव प्रचार के दौरान वह जो कोट पहनता था, वह इतना छोटा था कि उसे पहनकर बैठने में भी उसे कठिनाई होती थी। उसकी बढ़ी हुई पतलून घुटनों तक पहुंचती थी उसके सिर पर तिनकों से बना टोप छोटा था और पैरों में टूटे-फटे बूट, लेकिन उस समय भी उसने अपना साहस न छोड़ा और जब वह विधानसभा का सदस्य चुना गया, तो उसने अपने सूट के लिए कपड़ा उधार लिया ताकि विधानसभा सदस्य के रूप में सम्मानित दिख सके, लेकिन विजय प्राप्त करने के बाद विधानसभा में अपना स्थान ग्रहण करने के लिए वह सौ मील तक पैदल चलकर गया था।

ऐसे अनेक व्यक्ति हुए हैं, जिन्होंने सूखी रोटी और पानी पर निर्वाह किया, जिन्होंने झाड़ियां जलाकर उनके प्रकाश में पुस्तकें पड़ी और ज्ञान प्राप्त किया, जिन्होंने भूसे की कोठरियों में सोकर रात गुजारी, जिन्होंने पेट भरने के लिए बैरे का काम किया, परन्तु उन्होंने अपनी दृढ़ इच्छा-शक्ति के बल पर अपने जीवन को बदल डाला और संसार में यश प्राप्त किया। जो विजय का मूल्य चुकाने के लिए तैयार है तथा जिसे पराजय का भय नहीं होता, वह अवश्य ही विजयी होता है। इतिहास में ऐसे अनेक उदाहरण भरे पड़े हैं।

उग्र भीड़ ने पेरिस पर कब्जा किया हुआ था, अधिकारियों के हौसले पस्त हो चुके थे। उनमें इतना साहस ही नहीं रहा था कि वह कुछ कर सकते कि इतने में एक व्यक्ति अधिकारी के पास आया और उनसे बोला कि वह एक ऐसे व्यक्ति को जानता है जो उस उग्र भीड़ को तुरन्त अपने वश में कर सकता है। सभी अफसरों ने एक साथ कहा- "उसे फौरन बुलाओ।" तब नेपोलियन को बुलाया गया और जैसे ही वह आया, उसने न केवल उस उग्र भीड़ पर काबू पा लिया, अपितु सारे अफसरों को भी अपने वश में कर लिया, सारे फ्रांस पर भी अपना शासन कायम कर लिया और सारे यूरोप को पराजित कर दिखाया।

इन सब उदाहरणों का आशय केवल यही है कि सफलता अथवा असफलता व्यक्ति की इच्छा-शक्ति पर निर्भर करती है। इसलिए इच्छा-शक्ति को दृढ़ करना सीखिए, तभी आपका जीवन स्थिर रह सकता है तथा आप आगे बढ़ सकते हैं। व्यक्ति में योग्यता अथवा प्रतिभा की कमी नहीं होती, कमी होती है एक निश्चित उद्देश्य की और उस उद्देश्य की प्राप्ति के लिए दृढ़ इच्छा-शक्ति से कार्य करना चाहिए।

जॉन लीडन एक गड़रिए का बेटा था। उसका बचपन गरीबी और उत्साहहीनता के वातावरण में बीता, लेकिन ज्ञान प्राप्त करने की उसकी इच्छा इतनी प्रबल थी कि पढ़ने के लिए उसे छः मील तक नंगे पांव जाना पड़ता था। स्कूल की शिक्षा उसने यहीं तक पाई, लेकिन और भी अधिक शिक्षा प्राप्त करने की दृढ़ इच्छा-शक्ति उसमें थी, जिसके लिए उसने समस्त बाधाओं का सामना किया और अंत में उसने पुस्तकों की एक ऐसी दुकान खोज निकाली, जहां उसे अनेक बहुमूल्य पुस्तकें पढ़ने का अवसर प्राप्त हुआ।

घंटों बैठा वह उन बहुमूल्य पुस्तकों को पढ़ता रहता। भूख-प्यास की भी उसे कोई सुध न रहती। निरन्तर अध्ययन करते-करते उन्नीस वर्ष का होने से पहले

ही वह गड़रिए का लड़का बिना किसी स्कूल में विधिवत् शिक्षा प्राप्त किए एडिनबरा के प्राध्यापकों को भी अपनी ग्रीक अथवा लैटिन भाषा के ज्ञान से चकित करने लगा। इतना ही नहीं, ज्यों ही उसे यह पता लगा कि सरकारी नौकरी में एक सर्जन के सहायक का पद खाली है, उसने उसके लिए भी अपना आवेदन-पत्र भेज दिया। रिक्त स्थान पर नियुक्त होने के लिए छः महीने का समय था और जॉन लीडन चिकित्सा के विषय में कुछ भी न जानता था, लेकिन फिर भी वह हतोत्साहित नहीं हुआ। केवल छः माह के अध्ययन से ही उसने सम्मान सहित चिकित्सा के विषय में भी उपाधि प्राप्त कर ली।

बेव्सटर जिस समय कॉलेज में पहुंचा, तो मजाक करने के लिए उसके एक मित्र ने उसके पास बूट पॉलिश की एक डिब्बी भेज दी, ताकि बेव्सटर लोगों के जूतों पर पॉलिश करके गुजारा कर सके, लेकिन बेव्सटर ने उस मित्र को पत्र लिखा और धन्यवाद दिया। बाद में उसी बेव्सटर की गिनती संसार के सर्वाधिक महान व्यक्तियों में होने लगी।

सिडनी स्मिथ का कहना है कि "पृथ्वी पर कोई भी व्यक्ति महान नहीं हो सकता, जितना बेव्सटर।" कार्लाइल ने भी बेव्सटर के विषय में लिखा है- "उसे देखते ही मन में इच्छा होती है कि भले ही सारे संसार का विरोध क्यों न सहना पड़े, पर मैं इसका समर्थन करूंगा।" इसलिए अवसर पर कुछ न छोड़िए। योजना बनाइए, सतर्कतापूर्वक विस्तृत विवरण प्राप्त कीजिए, हर साधन, उद्देश्य और उपाय का निरीक्षण-परीक्षण कीजिए तथा निश्चयपूर्वक तैयार की गई रूपरेखा से तनिक भी इधर-उधर हुए बिना काम करते जाइए। इससे आपको उस समय भी लाभ होता रहेगा, जब दूसरों को नुकसान हो रहा होगा। सफलता का मूल आधार सूक्ष्म यथार्थता, काम करने का सही ढंग तथा काम करने की शक्ति-इन तीन बातों पर आधारित है। लोग सफलता को भाग्य के नाम से पुकारते हैं, जबकि सफलता का अर्थ है उचित निर्णय, अवसर से भरपूर लाभ उठाने की योग्यता एवं सतर्कता। अक्सर लोग किसी को भी सफल होते देखकर कहा करते हैं कि वह कितना सौभाग्यशाली है, लेकिन यदि उस सफल व्यक्ति के जीवन-चरित्र का सूक्ष्म रूप से निरीक्षण किया जाए, तो अत्यधिक सफलता के कारण होंगे-उसका स्वस्थ शरीर, कठोर परिश्रम करने का स्वभाव, उसकी कार्यशक्ति, उसका दृढ़ निश्चय, उसका साहस, उसका आत्मवशीकरण, उसकी निष्ठा, उसकी वफादारी, ईमानदारी, उत्साह, उद्देश्य और सबसे ऊपर "हां" की विजय और "ना" कहने की ताकत।

जो व्यक्ति कमर कसकर, कठोर से कठोर मेहनत करने के लिए सदा अपनी कमीज की बाहें चढ़ाए तैयार रहते हैं और काम को पूरा करने में तेजी से जुट जाते हैं, जो नीरस-से-नीरस काम से भी ऊबते नहीं हैं और न थकते ही हैं और जिन्हें काम के बिना चैन नहीं पड़ता, जो धूल-मिट्टी और कचरे में भी काम करते नहीं घबराते, जिन्हें काम से ही काम रहता है, वास्तव में वही सौभाग्यशाली व्यक्ति होते हैं।

नवयुवकों को यह सीखना चाहिए कि वे महान हैं और उन्हें अपने भाग्य पर अवश्य ही विजय प्राप्त करनी है। दस में से नौ बार भाग्य केवल कल्पना मात्र ही सिद्ध होता है, लेकिन आलसी व्यक्ति फिर भी भाग्य के भरोसे ही बैठे रहते हैं। जिनका कोई लक्ष्य नहीं होता, जिनका कोई उद्देश्य नहीं होता, जो अपने कार्य से परिचित नहीं हैं, जो लापरवाह हैं, जो हर काम को उपेक्षा की दृष्टि से देखते हैं, वही भाग्य-भाग्य चिल्लाते रहते हैं। अवसर बहुत तेज चलता है। उसके माथे पर बाल हैं, जिससे उसका मुंह ढंका हुआ है तथा जो पीछे से गंजा है। साहसी और कर्मठ व्यक्ति उसे पकड़ लेता है और उससे लाभ उठा लेता है, लेकिन आलसी व्यक्ति उसे ताकता रह जाता है।

किसी ने ठीक ही कहा है कि मेहनती, साहसी, पराक्रमी व दृढ़ इच्छा-शक्ति वाले व्यक्ति को कोई नहीं हरा सकता, बल्कि उसके शत्रु उसका विरोध करने से पहले ही उसके आगे झुक जाते हैं, क्योंकि वह दूसरे लोगों द्वारा आलोचना किए जाने से पहले ही अपने काम को पूरा कर डालता है।

मानव जाति का इतिहास ऐसे लोगों के कारनामों से भरा पड़ा है, जिन्होंने दुर्भाग्य, निर्धनता तथा अनादर की पीठ में लात मारकर सौभाग्य, धन-सम्पत्ति और मान-सम्मान को अपनी मुट्ठी में कर लिया। जिन लोगों को दूसरे लोग घटिया समझते रहे, वे ही सफल हो गए, लेकिन इसका एकमात्र कारण उनकी फौलाद की तरह मजबूत इच्छा-शक्ति ही थी।

10. उतावलापन छोड़े, संयम से नाता जोड़े

कोई प्रतीक्षा नहीं करना चाहता, किसी काम-धंधे में लगने से पहले उसकी पूरी तैयारी करना नहीं चाहता और न ही आवश्यक जानकारी प्राप्त करना चाहता है, जिसका परिणाम यह होता है कि ऐसे लोगों के काम सदा ही आधे- अधूरे अथवा अधकचरे रह जाते हैं।

आपने प्रायः नवयुवकों को कहते सुना होगा- अब मैं और अधिक प्रतीक्षा नहीं कर सकता। और वे अपने इस उतावलेपन को ही गुण समझते हैं, जोकि वास्तव में एक बहुत भारी दोष है। व्यापार-व्यवसाय में, सभा-समाज में, यहां तक कि मन्दिर-मस्जिद में भी उनका उतावलापन बना ही रहता है। कोई प्रतीक्षा नहीं करना चाहता, किसी काम-धंधे में लगने से पहले उसकी पूरी तैयारी करना नहीं चाहता और न ही आवश्यक जानकारी प्राप्त करना चाहता है, जिसका परिणाम यह होता है कि ऐसे लोगों के काम सदा ही आधे-अधूरे अथवा अधकचरे रह जाते हैं और इसीलिए कठिनाइयां आने पर ऐसे लोग एक काम को बीच में छोड़कर दूसरे काम की ओर दौड़ पड़ते हैं।

असफलता अथवा अधूरी सफलता का मुख्य कारण है उतावलापन। अधूरे परिश्रम से पूरे फल की कामना अथवा कर्म की उपेक्षा करके भाग्य के भरोसे बैठे रहना। जल्दबाजी और उतावलेपन को गुण मानकर आज के नवयुवक एवं

नवयुवतियां काम-धंधे में लगने के बजाय आरामतलब होना अधिक पसन्द करते हैं। वे काम करना नहीं चाहते और आशा करते हैं कि उनकी जरूरत शीघ्रातिशीघ्र पूर्ण हो जाए।

कवि पोप ने लिखा है- "आधी-अधूरी या अल्प शिक्षा बड़ी भयंकर होती है। यह मनुष्य को कहीं का नहीं छोड़ती।" आम कहावत है- "नीम-हकीम खतरा-ए-जान, नीम मुल्ला खतरा-ए-ईमान।" इसलिए गहरा और गम्भीर अध्ययन कीजिए, क्योंकि ओछे व्यक्ति संसार में थोड़ा-सा अध्ययन करके ही अहंकार के मद में चूर हो जाते हैं। यदि वे गहन और गम्भीर अध्ययन करें, तो शान्त एवं विनयी बन सकेंगे।

अज्ञानी व्यक्ति अपने भेदों को छिपाने के लिए न जाने कितनी प्रकार की भूलें करता है। ऐसी भूलें, जिन पर उसे बाद में सिवाय पछताने के और कुछ नहीं करना पड़ता। आज हर व्यक्ति आसान और छोटा रास्ता (शॉर्टकट) तलाशता रहता है। वह ऐसे टोटकों की तलाश में रहता है, जिनसे सफलता उसके चरणों में लोटने लग जाए। फिर भले ही ऐसे टोटकों के लिए उसे कितना ही परिश्रम एवं प्रयत्न क्यों न करना पड़े, कितनी ही शक्ति नष्ट क्यों न करनी पड़े। एक आदर्श कहावत है- "धीर, सो गंभीर।" वैसे प्रकृति का भी आदर्श वाक्य है, धीरज। किसी पुष्प के विकसित होने के लिए जितने समय की आवश्यकता है, उतना समय तो लगेगा ही, ऐसा प्राकृतिक विधान है। जब तक पूरा प्रयत्न और पूरा समय नहीं मिल पाता, तब तक फूल पूरी तरह से नहीं खिल सकता।

विशप हॉल ने अपने एक ग्रंथ के अध्ययन में पूरे तीस साल लगाए थे।

आवेन्स ने अपनी एक पुस्तक लिखने में बीस वर्ष लगाए थे।

सुप्रसिद्ध संगीतकार मूर ने अपने संगीत की एक धुन बनाने में ही कई सप्ताह तक लगातार प्रयत्न किया था और जब लोगों ने वह धुन सुनी तो वे झूम उठे और उनके मुख से जो शब्द निकले, वह ये थे- "यह अनोखी प्रतिभा का चमत्कार है।"

आज अधिकांश व्यक्तियों में यह प्रवृत्ति देखी जाती है कि जिस काम को सीखने में जितना समय लगाना आवश्यक है, वे उससे चौथाई समय भी उस कार्य में लगाना नहीं चाहते। किसी भी व्यवसाय का सम्पूर्ण अभ्यास नहीं करना

चाहते। किसी भी व्यवसाय के बारे में पूरी जानकारी प्राप्त करना नहीं चाहते। उसके विशेषज्ञ बनना नहीं चाहते। जिसका परिणाम होता है, असफलता।

किसी धनी व्यक्ति ने एक चित्रकार से कहा- "मेरे लिए एक सुन्दर-सा चित्र बना दो।" चित्रकार ने उसके लिए एक चित्र बना दिया, तो धनी व्यक्ति ने चित्रकार से उस चित्र का मूल्य पूछा। चित्रकार ने उस चित्र का मूल्य एक हजार फ्रांक मांगा।

धनी व्यक्ति बोला- "केवल पांच मिनट में ही तो तुमने ये चित्र बनाया है और इसका मूल्य एक हजार फ्रांक मांग रहे हो?"

चित्रकार ने उत्तर दिया- "जी हां, आपका कहना ठीक है। चित्र तो मैंने पांच मिनट में ही बनाया है, लेकिन चित्रकारी सीखने के लिए मैंने तीस साल तक अपना तन, मन और धन लगाया है।"

सफलता की प्राप्ति के लिए निरन्तर प्रयत्न एवं धीरज की आवश्यकता होती है, उतावलेपन की नहीं। जब आप अपने व्यवसाय के विशेषज्ञ बन जाएं, तब ही कार्यक्षेत्र में उतरें, तो लोग आपकी वाह-वाह कर उठेंगे, लेकिन अधूरे, अधकचरे व उतावलेपन में किए गए प्रयत्नों से सफलता की आशा करना अपना मजाक उड़वाना है। किसी भी वस्तु के निर्माण में गम्भीर अध्ययन, कठोर परिश्रम तथा गहरी नींव की आवश्यकता होती है और वह नींव इतनी पक्की होनी चाहिए कि लोग उसे सजीव चट्टान कह उठें, तभी वह भवन टिकाऊ बन सकेगा। इसी प्रकार हर कार्य में धीरज और सहनशीलता का बड़ा भारी महत्व है।

एक प्रसिद्ध प्यानोवादक अक्सर अपनी किसी धुन का सार्वजनिक प्रदर्शन तब तक नहीं करता था, जब तक उसे पन्द्रह सौ बार एकान्त में बजाकर स्वयं सन्तुष्ट न हो लेता था और अपने इस कठोर परिश्रम के बल पर ही उसे कीर्ति प्राप्ति हुई थी।

इस प्रकार का धीरज, इस प्रकार की लगन, इस प्रकार की परिश्रम-शीलता, इस प्रकार का दृढ़ निश्चय व इस प्रकार का आत्मविश्वास सदा विजयी होता है, लेकिन इनके अभाव में अपनी विजय को प्रतिभाशाली समझने वाले व्यक्ति लज्जित होकर रह जाते हैं। सफलता किसी वृक्ष पर नहीं लगती कि जिसे आप तोड़ लें और सफल बन जाएं। यह तो निरन्तर कठोर परिश्रम से ही प्राप्त होती है।

एक धनी व्यक्ति ने कहीं कहा था- "मैं कई वर्ष लगातार सूर्योदय से पहले ही अपने कार्यालय में पहुंच जाता था और एक भी दिन अट्ठारह घंटे काम करने से पहले अपने कार्यालय से बाहर नहीं निकला।"

शहतूत के पत्ते एक दिन रेशमी वस्त्र बन जाते हैं, पर उतावलेपन से नहीं, धीरज के कारण।

विश्व के सर्वश्रेष्ठ चित्र मोनालिसा के सिर की कला रचना करने में चित्रकार लियोनादो द विंसी ने पूरे चार वर्ष लगाए थे, इसीलिए उसका यह चित्र आज तक सर्वश्रेष्ठ माना जाता है।

संसार के अनेक विशिष्ट एवं महान व्यक्ति प्रारम्भ में अत्यन्त साधारण बालक थे, लेकिन उन्होंने प्रारम्भ से ही परिश्रम, उद्यम और साहस तथा धैर्य का पाठ पढ़ा और तभी वे विशिष्ट एवं महान बन सके।

एडीशन ने लिखा है कि फोनोग्राम के निर्माण में उसे अदम्य धीरज रखना पड़ा था और अथाह मेहनत करनी पड़ी थी। उसने लिखा है कि सात महीने तक, अट्ठारह से बीस घंटे प्रतिदिन वह एक ही शब्द पर लगातार काम करता रहा, लेकिन अपनी अटूट लगन और धीरज के कारण ही उसे अपने प्रयत्नों में सफलता मिली।

प्रतिष्ठा एवं मान-सम्मान प्राप्त करने का एक ही उपाय है, धीरज रखना, मन को अपने उद्देश्यों पर एकाग्र रखना और निरन्तर परिश्रम करते जाना।

कोई भी ज्ञान कितना ही महत्त्वहीन प्रतीत होता हो, फिर भी उसे अपने मस्तिष्क में एकत्र करने से, हर प्रकार की जानकारी प्राप्त करने से किसी भी पुस्तक, पत्रिका, लेख, भाषण आदि से, अवसर से लाभ उठाने से और उन सब प्रयत्नों पर चिन्तन एवं मनन करने से जो साररूप नवनीत प्राप्त होता है, उसी को अनुभव कहते हैं और इसका अनुभव कभी भी, किसी भी काम में प्रयोग में लाया जा सकता है।

एक बार किसी व्यक्ति ने बेव्सटर से आग्रह किया कि वह किसी महत्त्वपूर्ण विषय पर सभा में भाषण दें। बेव्सटर ने उत्तर दिया- "उस विषय पर पूरी तैयारी करने के लिए मेरे पास अभी समय नहीं है और मैं बहुत व्यस्त हूं।" आग्रह करने वाले मित्र ने कहा- "कोई बात नहीं, आप कुछ थोड़ा-सा ही बोल दीजिए। उन्हीं शब्दों से लोगों का ध्यान उस विषय की ओर आकर्षित हो जायेगा।" बेव्सटर ने उत्तर दिया- "यदि आपको मेरे शब्दों में इतनी शक्ति दिखाई पड़ती है, तो इसका केवल एक ही कारण है कि मैं जब तक किसी विषय पर आवश्यक अध्ययन पूरा न कर लूं तब तक उस विषय पर कुछ भी नहीं बोलता।" इसलिए उतावलेपन से नहीं, संयम से काम लीजिए।

11. आत्मविश्वास, मन व मुख मुद्रा

जिसे अपनी योग्यता पर विश्वास नहीं, जिसे अपनी शक्तियों पर संदेह है, वह सफल व्यापारी कैसे बन सकता है? इस प्रकार की मनोवृत्ति वाले व्यक्ति कोई भी महान कार्य नहीं कर सकते।

जब तक व्यक्ति को यह विश्वास ने ही जिस वस्तु को वह प्राप्त करना चाहता है, उसे वह अवश्य ही प्राप्त कर लेगा, तब तक उसके मन में यह अटूट निष्ठा पैदा नहीं हो सकती, जो उस वस्तु की प्राप्ति के लिए आवश्यक होती हे। लेकिन एक बार जब यह निश्चय हो जाए कि उसमें सामर्थ्य है और उस काम से अधिक शक्ति व्यक्ति में है, तो उसे उस वस्तु के प्राप्त करने में तुरन्त सफलता प्राप्त हो जायेगी। जो व्यापारी "करूं या न करूं" की दुविधा में उलझा रहता है, जिसे अपनी योग्यता पर ही विश्वास नहीं, जिसे अपनी शक्तियों पर सन्देह है, वह सफल व्यापारी कैसे बन सकता है? इस प्रकार की मनोवृत्ति वाले व्यक्ति कोई भी महान कार्य नहीं कर सकते।

शरीर और इन्द्रियां मन का ही अनुसरण किया करते हैं। मन को ही नेता बनना होगा, मन को ही आगे चलना होगा, मन को ही दृढ़ निश्चयी होना होगा, मन में ही आत्मविश्वास रखना भरना होगा, मन में ही कार्य की सफलता के आकार का स्वरूप देखना होगा, मन में ही उस वस्तु को प्राप्त करने की कल्पना करनी होगी, जिसका निर्माण आप करना चाहते हैं। जिस काम को पूरा करने में,

जिसके विषय में आपको अपनी शक्तियों को पूरा विश्वास होता है, आप उसी काम को कर सकते हैं। जो व्यक्ति यह सोचता है कि संसार में सभी व्यक्ति धनी नहीं हो सकते और अधिकांश व्यक्तियों को गरीब ही रहना पड़ेगा और मैं भी उन्हीं में से एक हूं तो वह व्यक्ति कभी भी धनी नहीं हो सकता।

आपने प्रायः देखा होगा कि अधिकांश व्यक्ति कॉलेज से पहले ही पढ़ाई छोड़ बैठते हैं। इसका कारण उनका यह सोचना है कि वह इस योग्य कहां। भला सोचिए, इस प्रकार के विचारों को मन में लाकर यदि कोई व्यक्ति कॉलेज में जाता है, तो वह कितना भी अधिक धन खर्च करे, कितने भी लोग उसकी सहायता करें, उसके सामने कितने भी सुअवसर आएं, लेकिन वह परीक्षा में उत्तीर्ण नहीं हो सकता, वह प्रगति नहीं कर सकता। क्योंकि उसमें आत्मविश्वास का अभाव है। उसको अपनी योग्यता पर सन्देह है।

जो नवयुवक यह सोचते हैं कि वह कभी अफसर नहीं बन सकते, वह वाकई कभी अफसर बन नहीं सकेंगे। उनके लिए तो क्लर्क की कुर्सी ही खाली है। ठीक है कि कुछ व्यक्ति जोश में आकर वकील, डॉक्टर या व्यापारी बनने का निश्चय करते हैं, पर उनमें दृढ़ संकल्प नहीं होता, उनमें स्थिरता नहीं होती, उनका निश्चय डगमगाता रहता है इसलिए वह कुछ भी नहीं बन पाते।

उन्हें अवसर मिला था कि वह दृढ़ निश्चयपूर्वक अपने उद्देश्य को चुनते और उसे पूरा करते। इसके लिए चाहे उन्हें रात-रात भर जागना पड़ता, चाहे कितना ही कठोर परिश्रम करना पड़ता, वह करते। तब तो सम्भव था कि वे सफल हो सकते थे, तब यदि चाहते, तो अपनी दुनिया को बदल सकते थे, लेकिन उस समय उन्होंने अपनी जिम्मेदारी नहीं समझी, उस समय वे लापरवाह रहे, उस समय उन्होंने नहीं सोचा कि कठोर परिश्रम करें और इसलिए सफल नहीं हो सके, लेकिन ऐसे भी नौजवान हैं, जो उत्साह और उल्लास से भरकर अपने कार्य-व्यापार में लगे रहते हैं। उनका निश्चय अटल होता है और सतत प्रयत्न करना उनका स्वभाव बन जाता है। ऐसे ही नवयुवक उन्नति के शिखर पर पहुंच जाते हैं।

महान सफलताओं और महान कार्यकर्ताओं का विश्लेषण कीजिए, उनके महान बनने का पहला कारण होगा-आत्मविश्वास। जिस व्यक्ति को अपनी योग्यता पर विश्वास हो जाता है और जो यह समझने लगता है कि वह जिस काम को भी

करेगा, उसमें अवश्य ही सफल होगा, वह व्यक्ति अवश्य ही सफल होगा। भले ही अन्य लोग उसके विश्वास को दुराग्रह करें, लेकिन ऐसे व्यक्ति अपनी धुन के पक्के होते हैं कि अपने अदम्य आत्मविश्वास के बल पर संसार में सफल होकर अपना झंडा गाड़ ही देते हैं। उन्हें इस बात की परवाह नहीं होती कि लोग उन्हें मूर्ख कहते हैं या कुछ और। उन्हें तो काम करने से मतलब होता है। उनकी आंखें तो केवल सफलता पर टिकी होती हैं। उनके मन में आत्मविश्वास भरा होता है। उन्हें अपनी शक्तियों पर भरोसा होता है। वह दूसरों पर विश्वास जमा देते हैं उनका आत्मविश्वास अटूट है और वह अपने लक्ष्य की पूर्ति में अवश्य ही सफल होंगे और तब दूसरे व्यक्ति भी उनके सहायक बन जाते हैं। जब व्यक्ति किसी कार्य में विशेषज्ञ हो जाता है तो वह अपने आस-पास के वातावरण पर शासन करने लगता है। तब उसके एक-एक शब्द से आत्मविश्वास टपकता है। उसकी मुखमुद्रा पर विजय की झलक स्पष्ट दिखती है। जिसे देखकर दूसरों के मन का सन्देह मिट जाता है और इसलिए अन्य व्यक्ति उसके सहायक बनना पसन्द करते हैं। सफल और विजयी व्यक्ति पर सबका विश्वास जम जाता है। और सारा संसार ऐसे व्यक्तियों का आदर करता है। जिस व्यक्ति में आत्मविश्वास होता है, उसकी हर चेष्टा से-चाहे वह बोल-चाल हो, चाहे चाल-ढाल, चाहे हाव-भाव, चाहे आकार-प्रकार-हर बात से आत्मविश्वास टपकता है और तब उससे प्रभावित होकर लोग उसे अपना लेते हैं, उसे अपना नेता मानने लगते हैं और उसकी आज्ञा पालन करने में गौरव अनुभव करते हैं।

लोग उन्हीं व्यक्तियों से प्रभावित होते हैं, जो अपनी शक्तियों से उन्हें प्रभावित करते हैं। जिन व्यक्तियों के मन में संशय और भय भरा हो, उनका किसी पर प्रभाव नहीं पड़ सकता। कुछ व्यक्ति प्रथम दर्शन में ही हमारा विश्वास जीत लेते हैं। हमें अपना बना लेते हैं और लोगों में विजय की भावना का संचार होने लगता है। लोग समझ लेते हैं कि यही हमारा नेता है, यही है हमारा पथ-प्रदर्शक, यही है वह व्यक्ति जिसमें इतनी शक्ति है कि वह जो चाहे कर सकता है। ऐसे व्यक्तियों के चाहने मात्र से ही लोगों के मन में विजय की भावनाएं उमड़ने लगती हैं और ऐसे व्यक्ति जब अपनी शक्ति का प्रयोग करके अद्भुत कार्य कर दिखाते हैं, तो सभी लोगों को उन पर विश्वास हो जाता है। विश्वास, यानी साख व्यक्ति की सबसे बड़ी पूंजी है। कोई भी कार्य हो अथवा व्यापार या व्यवसाय, साख से बढ़कर और कोई पूंजी नहीं हो सकती। यदि लोगों

पर यह विश्वास जम जाए, हमारी यह साख जम जाए कि आपका उत्पादन निश्चित रूप से अन्य लोगों के उत्पादनों की अपेक्षा बढ़िया होता है, उपयोगी होता है, लाभकारी होता है, सुन्दर होता है और आप अपने कर्मचारियों को नियंत्रित और व्यवस्थित रख सकते हैं तथा बाजार में जिस वस्तु की मांग है, उसे सही रूप और सही समय पर तैयार करके भेज सकते हैं, तो आप दूसरों से जितनी भी सहायता चाहेंगे, आपको मिल जाएगी।

हमारे जीवन का भी कोई भरोसा नहीं है, न जाने कब और कहां हमारी जीवन लीला समाप्त हो जाए। समय बहुत कम है। हर व्यक्ति काम के पीछे दौड़ रहा है और किसी को इतना समय नहीं है कि वह आराम से बैठकर हमारी गतिविधियों का विश्लेषण करे। प्रायः लोग हाव-भाव तथा मुखाकृति से ही आपकी कार्यकुशलता एवं योग्यता का अनुमान कर लेते हैं। यदि आपके विश्वास का सिक्का, आपकी योग्यता की धाक, आपकी कार्यकुशलता की साख उन पर जम जाए तो वे भी आप पर विश्वास करने लगेंगे। लेकिन यदि आपको अपने पर स्वयं विश्वास नहीं है, आप स्वयं अपने ऊपर सन्देह करते हैं, सशंकित रहते हैं, तो अन्य व्यक्ति क्यों आप पर विश्वास करेंगे। क्यों आपकी सहायता करेंगे? किसी डॉक्टर के लिए यह आवश्यक नहीं कि वह अपने रोगियों को यह बतलाए कि उसने उनकी चिकित्सा के लिए किस प्रकार समस्त प्रक्रिया का पालन किया है। डॉक्टर को देखते ही रोगी को विश्वास हो जाना चाहिए कि उक्त डॉक्टर के इलाज से वह अवश्य ही ठीक हो जाएगा। जिस डॉक्टर के चेहरे को देखकर रोगी को उस पर विश्वास नहीं होता-वह डॉक्टर उस रोगी का इलाज नहीं कर सकता, लेकिन जिसके चेहरे से सिद्धान्त का पक्का होना झलकता है और ऐसा लगता है कि कोई भी उसे उसके रास्ते से नहीं हटा सकेगा, सारा संसार उस पर विश्वास करता है और सभी लोग उसकी बात को सच मानकर उसकी इच्छानुसार कार्य करने लगते हैं। तब ऐसे प्रबल आत्मविश्वासी व्यक्तियों को दूसरे लोगों की सहायता अनायास ही प्राप्त हो जाती है। किसी-किसी व्यक्ति के मुंह की ओर थोड़ा ध्यान से देखिए, तो आपको लगेगा कि कुछ व्यक्ति दूर से ही नेता जैसा प्रतीत होते हैं। दूर से ही उनके चेहरे पर वह छाप नजर आ जाएगी, जो किसी नायक अथवा नेता के चेहरे पर होनी चाहिए और जब आप भीड़ में खड़े व्यक्तियों से बातचीत करेंगे, तो आपको पता चलेगा कि वह वास्तव में अपने नायक अथवा नेता की प्रतीक्षा कर रहे हैं। ताकि वह आगे आए और वे उसका अनुसरण करें।

आज संसार में लोग इतने अधिक व्यस्त हैं कि उनके पास आपकी योग्यता को परखने अथवा आपके गुण की परीक्षा करने के लिए समय नहीं है। अतः यह आपका काम है कि आप अपनी योग्यता एवं अपने गुणों से उन्हें प्रभावित करें, परन्तु ध्यान रहे कि अपनी योग्यता को स्वीकार न करना, दूसरों के मन में अपने प्रति संदेह पैदा करना, अपने पर ही भरोसा न करना अथवा अपनी असफलताओं का बखान करना-ये कुछ ऐसे दोष हैं, जो हर व्यक्ति को निरुत्साहित, निराश और व्यथित कर देते हैं, जिसके कारण लोग सदा असफल होते रहे हैं। जब उन्हें ही अपनी किसी भी योजना पर स्वयं भरोसा नहीं होता, तो अन्य लोगों को उन पर भरोसा होगा? जब आप ही स्वयं को घटिया, दीन-हीन अथवा मलिन समझते हैं और अपना मूल्य घटाते हैं, तो किसी को क्या पड़ी है कि वह आपका उचित मूल्यांकन करे या आपका मूल्य बढ़ाए। आप खुद ऐसा काम करें कि जिससे आपकी योग्यता व आपके गुण उभरकर सामने आएं, आपकी शक्तियां ठीक इसी प्रकार से आपका मूल्य लोगों को समझाएं, तभी आप लोगों की नजरों में चढ़ सकेंगे और तभी आपको आपका उचित मूल्य मिल सकेगा। दूसरों की नजरों में गिरकर कोई भी व्यक्ति कोई महान कार्य नहीं कर सकता और न ही आप जितने काम की किसी से आशा करते हैं, उससे अधिक काम ले सकते हैं, लेकिन यदि आप कुछ महान कार्य करते हैं और अपनी समग्र शक्तियों को उक्त कार्य करने के लिए एकत्रित करके तथा अपनी मनोवृत्ति को उस कार्य के प्रति एकाग्र कर देते हैं, तब आपको अपनी इच्छानुसार उक्त कार्य का परिणाम प्राप्त होगा। स्मरण रखिए, विशेष कार्य के लिए प्रयत्न भी विशेष करना होगा। जब आप कोई विशेष कार्य करना चाहें, तो आपको विशेष व्यक्ति बनना पड़ेगा। साधारण लोगों की भीड़ से अलग होना पड़ेगा। आम लोगों की तरह आरामपसन्द या सुस्त नहीं रहना पड़ेगा। अपना मूल्य स्वयं लगाना पड़ेगा। अपने को कीट-पतंगों के समान दीन-हीन नहीं मानना होगा, बल्कि मूल्यवान रत्नों के समान अपना मूल्य आकना होगा। जैसी आपकी भावना होगी, जैसी आपकी मुखमुद्रा होगी, उसकी झलक स्पष्ट दिखाई दे जाएगी।

12. दुर्बल विचार: सफलता में बाधक

ऋणात्मक विचारों से व्यक्ति का आत्मविश्वास इतना दुर्बल हो जाता है कि वह हाथ में आए अवसर को भी नहीं पकड़ पाता तथा सम्मुख आई परिस्थिति का स्वामी बनने के बजाय उसका दास बन जाता है।

ऋणात्मक या ध्वंसात्मक विचार मनुष्य की महत्त्वाकांक्षा का गला घोंट देते हैं। ऋणात्मक विचारों से ग्रस्त व्यक्ति में ऊंचा उठने की कोई आकांक्षा नहीं रह जाती। ऐसे विचार व्यक्ति के जीवन में विष घोलकर उसके कार्य करने की शक्ति को नष्ट कर देते हैं। इस प्रकार के ऋणात्मक विचारों से व्यक्ति का आत्मविश्वास इतना दुर्बल हो जाता है कि वह हाथ में आए अवसर को भी नहीं पकड़ पाता तथा सम्मुख आई परिस्थिति का स्वामी बनने के बजाय उसका दास बन जाता है।

सफलता प्राप्त करने के लिए व्यक्ति को सबसे पहले अपने ऋणात्मक विचारों से छुटकारा पाना चाहिए। अपने मन के संदेह को दूर करना चाहिए। सफलता से पहले सफलता की आशा करना और उसमें विश्वास करना बहुत जरूरी है। अपनी कार्य-सामर्थ्य तथा कार्यक्षमता पर पूरी तरह भरोसा किए बिना न तो कोई व्यक्ति अपने काम को भली-भांति कर ही सकता है और न ही उसमें सफल हो सकता है। कार्य में सफलता प्राप्त करते हुए भी अपने इस विश्वास को लगातार दोहराते रहना पड़ता है-

"मैं इस कार्य को भली-भांति सम्पूर्ण करके ही दम लूंगा।"

उदाहरणार्थ, यदि एक बालक प्रातःकाल नींद खुलते ही यह कहने लगे कि- "मैं उठ ही नहीं सकता" तो निश्चित है कि वह बिस्तर से नहीं उठ सकता। वह बिस्तर से तभी उठ सकता है, जब उसे अपनी शक्ति पर, अपनी सामर्थ्य पर पूर्ण विश्वास हो कि वह उठ सकता है। जो मनुष्य अपने मन में सदा यही दोहराता है कि मैं इस काम को कर ही नहीं सकता या मैं इस काम को कैसे कर सकता हूं? कोई दूसरा व्यक्ति भले ही उसे कर ले, पर मैं नहीं कर सकता और इसलिए इसके बारे में प्रयत्न करना बेकार है, वह वास्तव में उस कार्य को नहीं कर सकेगा। जो विद्यार्थी अपने मन में यह सोचता है कि वह कॉलेज में प्रवेश नहीं पा सकेगा, वह किस प्रकार ऊंची शिक्षा प्राप्त कर सकता है? वह तो चार शब्दों के इस वाक्य- "मैं नहीं कर सकता" -का शिकार हो जाता है और जब तक वह इस प्रकार के ऋणात्मक विचार का, इस "नहीं" का पल्ला नहीं छोड़ता, तब तक वह वास्तव में कुछ नहीं कर सकता। यह छोटा-सा शब्द "नहीं" व्यक्ति के सम्पूर्ण आत्मसम्मान को जड़-मूल से नष्ट कर देता है। इस एक शब्द से ही न जाने कितने व्यक्तियों की योग्यता तथा कार्य करने की शक्ति को नष्ट कर डाला है। लेकिन इसके विपरीत जो व्यक्ति सदा यह कहता है- "मैं कर सकता हूं" उसके मार्ग में कितनी भी विघ्न-बाधाएं आएं, वह अपने आत्मविश्वास एवं आत्मसम्मान की रक्षा हेतु इस प्रकार के शब्दों से प्रेरणा प्राप्त कर बार-बार अपने काम में जुटा रहता है। वह अवश्य ही सफलता प्राप्त कर लेता है। जिस प्रकार एक व्यक्ति सफल वकील तभी बन सकता है जब वह कानून के नियमों और सिद्धान्तों को समझे एवं कानून सम्बन्धी ग्रंथों का अध्ययन करे, लेकिन यदि वह दवाओं अथवा डाक्टरी के उपकरणों के बारे में सोचता रहेगा, तो क्या वह सफल वकील बन सकेगा? यह सब कहने का आशय यही है कि आप जिस विषय में भी विशेषज्ञ बनना चाहते हैं, उसे छोड़कर अन्य विषयों के अध्ययन में लगे रहें, तो अपने लिए चुने हुए विषय में विशेषज्ञ किस प्रकार बन सकेंगे? जब आपका मन ही अन्य विषयों के चिन्तन में लीन रहता है, तो आप अपने लिए चुने हुए विषय में सफलता कैसे प्राप्त कर सकते हैं? इस प्रकार यह कहना भी बिल्कुल उचित है कि जब आपका मन निराशा के विचारों से ग्रस्त है, तो फिर आपकी मनोवृत्ति सफलता के लिए किस प्रकार समर्थ एवं सक्षम बन सकती है? तब आपकी कार्यक्षमता कैसे बढ़ सकती है, जब तक आप स्वयं को किसी भी प्रकार के दोष से ग्रस्त समझेंगे, तब तक आप वहां नहीं पहुंच सकते, जहां पहुंचकर आप सफलता प्राप्त कर सकते हैं। जब तक आपकी मनःस्थिति इतनी उन्नत नहीं हो जाती, आप अपने उद्देश्य में सफल नहीं हो सकते। जब तक

आपके मन में नकारात्मक, ध्वंसात्मक तथा ऋणात्मक विचार भरे हैं, तब तक आपका मनोबल गिरता ही रहेगा। जब तक आपका किसी सूचना, किसी निर्माण या किसी कार्य के सृजन में सफल नहीं हो सकेंगे। अनेक व्यक्ति जीवन-भर केवल इस प्रकार के दुर्बल एवं अस्वस्थ विचारों से घिरे रहने के कारण ही सफल नहीं हो पाते।

यदि कोई लड़की सुन्दर एवं स्वस्थ रहना चाहती है, तो उसके लिए समझदारी की सबसे पहले बात यह होगी कि वह अपने मन से कुरूपता एवं अस्वास्थ्य सम्बन्धी विचारों को निकाल फेंके। उनके स्थान पर निरन्तर सुन्दरता एवं स्वास्थ्य के आदर्श को ध्यान में रखे तथा स्वयं को उन आदर्शों के अनुरूप ढालने का प्रयत्न करे, इस प्रकार निरन्तर सुन्दरता का ध्यान करने से, स्वास्थ्य का ध्यान करने से, वह अपने आदर्श के अनुकूल अपने को ढालकर सुन्दर एवं स्वस्थ बन सकती है, लेकिन यदि वह हर समय यही सोचती रहे कि वह तो कुरूप है, भद्दी है, अस्वस्थ है, बीमार है, बदसूरत है, तो सौन्दर्य और स्वास्थ्य भी उससे हमेशा कोसों दूर रहेंगे।

यह बड़े दुर्भाग्य की बात है कि अनेक नवयुवक एवं नवयुवतियां हर समय अपनी दुर्बलता एवं अक्षमता का ही रोना रोते रहते हैं। उन्हें नहीं मालूम कि इस प्रकार के हीन विचार उनकी सफलता एवं प्रसन्नता के लिए कितने घातक हैं। उन्हें चाहिए कि इस प्रकार के विचारों को अपने मन से सदा-सदा के लिए निकाल बाहर फेंके। निराशा के अन्धकार से निकलकर आशा के प्रकाश की ओर बढ़े। निराशा का अन्धकार बड़ी विषाक्त दुर्गन्ध फैलाता है, जिसमें व्यक्ति का दम घुटकर रह जाता है। उसे छोड़ ही देना होगा। श्रेष्ठता, सुन्दरता एवं सफलता की चोटी पर चढ़ने का प्रयत्न कीजिए। जब तक आप यह न समझ लें कि असफलता का विचार एक बीमार विचार है, तब तक आप श्रेष्ठता के स्तर तक पहुंचने में समर्थ नहीं हो सकते। श्रेष्ठता के स्तर तक पहुंचने के लिए असफलता रूपी विचारों को छोड़ना ही होगा। अतः अभी निश्चय कीजिए कि आपको उन्नति करनी है तथा आपको सफलता के सर्वोच्च शिखर पर पहुंचना है। इस प्रकार के विचार मन में आते ही आप स्वयं प्रयत्न करना आरंभ कर देते हैं और तब आपके सभी अंग-प्रत्यंग आत्मप्रेरित होकर अपने उद्देश्य को प्राप्त करने में जुट जाते हैं।